他人を攻撃せずにはいられない人

片田珠美
Katada Tamami

PHP新書

はじめに

他人を攻撃せずにはいられない人が世の中には随分いるんだなあと、つくづく思う。そのターゲットにされて痛い目に遭っている方の話を精神科医としてうかがう機会がとても多いからである。

職場で無視された、仕事上必要な情報が自分にだけ伝えられていなかった……といったことをきっかけに、くよくよ考えて落ち込むようになった30代の女性社員。あるいは、会議の席で、名指しこそされなかったものの、誰が聞いても自分だとわかるような言い方で激しく非難されて、会議に出席しようとすると動悸がして冷や汗が出るようになった40代の男性社員。

家庭でも同様の攻撃は起こりうる。ＤＶや虐待は、あからさまな攻撃でわかりやすいが、むしろ多いのは、言葉で痛めつける攻撃である。たとえば、母親から、「あなたを妊娠して、お母さんは仕事を辞めなければならなくなった。そのせいで収入がなくなり、お父さんと離婚できなくて、こんなに不幸になっている」と愚痴を聞かされ続けてきた結果、リストカットを繰り返すようになった高校生の女の子。あるいは、妻とけんかするたびに、「私は、もっと高学歴で高収入の男性と結婚できたはずなのに、妊娠させられたから、あなたと結婚する羽目になった。もとの体に返してちょうだい」と言われているうちに、帰宅しようとすると吐き気がするようになった40代の男性。

このような話から浮かび上がってくるのは、他人を攻撃せずにはいられない、攻撃欲の強い人の存在である。こういう人が一人いると、そのせいでさまざまな症状を示す被害者が周囲に生まれることがわかる。

この攻撃欲の根底に潜んでいるのは、たいてい、支配欲である。相手を自分の思い通りに支配したいとか、操作したいという欲望を抱いているのだが、こうした欲望を当の本人が意識しているとは限らない。相手を破壊するようなことをしておきながら、「仕事上必要なことだ」「あくまでも愛情からやっている」などと思い込んでいるような場合もあるので、厄介なこと、この上ない。

こういう人のターゲットにされると、くたくたに疲れ果てたり、ぼろぼろに壊されたりして大変な目に遭う。そこで、本書では、他人を攻撃せずにはいられない、攻撃欲の強い人を取り上げ、その心理メカニズムを分析することにしたい。

まず、第1章で、攻撃欲の強い人とはどんな人なのかを、事例を紹介しながら説明する。次に、第2章で、ターゲットをどんなふうに壊していくのか、その手法を取り上げる。

さらに、第3章では、攻撃されても、ターゲットが抵抗できないのは一体なぜなのか、第4章では、なぜ、こんなふうに攻撃したり支配したりしようとするのか、第5章では、攻撃欲の強い人はターゲットにどんな影響を及ぼすのか、分析する。

最後に、第6章で、攻撃欲の強い人に「つける薬」はあるのか、こういう人とどう向き合えばいいのか、どんなふうに対処すべきかについて述べ、処方箋を紹介することにしたい。

あなたが、攻撃欲の強い人からターゲットにされたくなければ、そして万一ターゲットにされたとしても一刻も早く呪縛から解き放たれたければ、是非お読みいただきたい。

他人を攻撃せずにはいられない人　目次

第1章「攻撃欲の強い人」とは

第2章　どんなふうに壊していくのか

第3章 なぜ抵抗できなくなるのか

第4章 どうしてこんなことをするのか

第5章 どんな人が影響を受けるのか

第6章 処方箋――かわし方、逃げ方、自分の守り方

第1章

「攻撃欲の強い人」とは

攻撃欲の強い人というのは、暴力を振るったり、面と向かって暴言を吐いたりと、怒りや敵意をむき出しにする人ばかりではない。中にはこそこそと陰湿に相手を痛めつけることで、自らの攻撃欲を満たそうとする人たちもいる。そのほうが、精神的に与えるダメージが大きいからだ。そのやり方は実に巧妙に計算されている。ゆえに、周りからはその攻撃性が見えにくい。攻撃されている当事者ですら、自分がターゲットであることに気づいていない場合もある。

攻撃欲の強い人から身を守るには、まず彼らを知ることから始まる。彼らにはどんな特徴があるのか、この章で見ていきたい。

幸せを破壊したい人たち

攻撃欲の強い人が欲しているのは、破壊である。他の誰かがうまくいっているのが許せない。それゆえ、他人の幸福や成功に耐えられず、強い怒りや敵意に突き動かされて、とにかく壊そうとする。

そこに利害がからんでいる場合もある。自分自身の願望や利益しか頭にない彼らは、自分が望むものを手に入れるうえでの邪魔者に対して、攻撃の刃を向ける。たとえば、あるポストに自分が就くために、ライバルを陰で中傷したり、足を引っ張ったりして、け落とそうとするような場合が典型例だろう。自分の行動がどれだけ混乱を巻き起こしたり、迷惑をかけたりするか、などということには決して目を向けようとしないわけである。

このようなエゴイストはなるべくなら近くにいてほしくないものだが、意図がわかりやすいため、実は対処もしやすい。厄介なのは、自分の利益がからんでいるわけでもないのに、あなたを打ちのめし、あなたがやっていることを台なしにし、ときには、あなたの人格そのものまで破壊しようとするようなタイプである。

しかも彼らは、悪意を隠して攻撃する。もしくは自分自身の悪意に気づいておらず、無自覚のまま、非常に残酷なことをやってのける場合もある。しばしば、「あなたのためを思って」とか、「こういう理由があってやっているんだよ」とかいった言い方で接してくるが、その善良で優しそうな仮面の下に何らかの悪意を隠し持っている。

他人の不幸は蜜の味

身近にいる人間の悪意に気づかず、自分の立場を悪くしてしまった、30代の女性会社員の例を紹介しよう。

彼女は同期の女性社員の中でも、最初に主任に抜擢された会社のホープだった。上司に自分の能力を認めてもらっているという自負もあったし、仕事にやりがいも感じていた。ただ、部下の中には自分より年上のパートのおばちゃんなどもいて、やりにくさに悩まされることがたびたびあった。

そんな彼女が仕事の愚痴をこぼすようになった相手は、いつも一緒にランチを食べていた、同じ大学出身の後輩女性社員だった。後輩はあいづちを打ちながら静かに話を聞いてくれ、ときには「先輩は、私の憧れです」などと言ってくれた。後輩との会話が息抜きにもなっていた彼女は、やがて愚痴だけでなく、新しい企画についての相談までするようになった。

ところがあるときから、女性の周囲で変化が起こり始めた。彼女は直属の上司に、ささいなことで厳しく叱責されるようになったのだ。一体何が起こっているのか理解できず、上司から受けた仕打ちに対する不満や怒りを後輩にぶちまけたこともある。

上司からの仕打ちはますます激しくなり、「君には、部下を指導する力がない」と言われ、ついに彼女はただの平社員に降格させられた。降格理由を上司に尋ねても、納得する説明は得られなかった。すっかり自信を失って落ち込んだ彼女は、出勤しようとすると吐き気に襲われるようになってしまった。

内科で受診して検査を受けたが異常は見つからず、心療内科を紹介された。結局彼女は、診断書を提出して休職することとなった。

しかし休んでいる間に会社の状況はさらに変わっていた。例の後輩が主任に昇進し、おまけに自分が企画を出していたプロジェクトの責任者に任命されたのだ。そのことを同僚から聞いて、なぜ上司の態度が急に変わったのか、彼女はようやく理解することができた。

後輩は「憧れ」の先輩に取って代わるために、自分が聞いた愚痴や上司に対する不満を多少ふくらませて上司の耳に入れていたのだ。この後輩のように、他人から聞いた話に尾ひれをつけて吹聴し、他人を陥れ、自分がのし上がろうとする人間はどこにでもいる。

最初から「この後輩には悪意がある」ということがわかっていれば、この女性もここまで彼女に愚痴をこぼすことはなかったに違いない。とはいえ同じ大学出身の後輩に対して、悪意があるという前提で接したくないという気持ちもあるだろう。

自分はかわいがっていたのに、自分を陥れたところでこの後輩だって昇進するとは限らないのに、なぜこんなことをされるのか。女性は不思議に思わずにはいられなかった。しかしこのような悪意ある行動に出る可能性は、誰にでもあるものなのだ。

「他人の不幸は蜜の味」であることを知ってしまった後輩社員を突き動かしていたのは、皮肉にも先輩への羨望である。17世紀のフランスの名門貴族、ラ・ロシュフコーは「羨望というのは、他人の幸福が我慢できない怒りなのだ」と言っているが、まさにこのような人間心理を言い当てた名言である。

自分が痛い目に遭うまで見ぬけない

自分の近くにいる人の攻撃欲を見ぬくことはとても難しい。「いやいや、化けの皮なんてすぐにはがれる」とお思いになるかもしれない。でも実際には、自分が攻撃を受けていることに気づかないままでいる人はとても多い。

他の人がターゲットになっている場合は、比較的簡単に見破ることができる。気づきにくいのは、自分自身がターゲットにされているケースである。先ほど紹介した女性の事例からもわかるように、自分が痛い目に遭うまでは、はっきり認識するのが難しく時間がかかることが多いのだ。

しかも厄介なことに、攻撃欲のある人は、攻撃していることを周囲に気づかれないように隠蔽する達人であることが多い。先の女性も、「先輩は、私の憧れです」などという歯が浮くようなおべんちゃらを真に受け、安心して愚痴をこぼしたり、新しい企画について相談したりしていた結果、気づいたときにはもう手遅れだったわけである。

このように、相手を直接攻撃するわけではなく、遠回しに打ちのめそうとするタイプから身を守ることは、なかなか難しい。そういう人は虚実とり混ぜて語るし、誠実そうにふるまっていたかと思うと突然計算高さをのぞかせる。こうした二面性もあるので、一体どういう人なのかわかりにくく、周囲がころっとだまされることになりやすい。

そこで、ここからは本章のテーマである、攻撃欲の強い人の特徴について、具体的に見ていくことにしよう。攻撃欲のある人の行動や態度には、一般的にいくつかの特徴が認められる。それらが危険なサインなのだということを、読者のみなさんにもぜひ知っていただきたい。そして今後の仕事や家庭生活に役立てていただきたい。

もっとも、「だまされないようにしよう」と警戒するあまり、用心深くなりすぎて、誰でも彼でも疑ってかかるのは困りものだ。普通の人でも、ときには攻撃欲のある人と似たような行動をとることがある。だからこれから挙げる特徴があるからといって、必ずしも危険人物とは限らないので注意していただきたい。最終的には、その人自身の見きわめる能力にかかっているということだ。

「見きわめる」といっても、そんなに難しく考える必要はない。じっくりとその人を観察していれば、その行動パターンから秘めたる攻撃の意図のようなものが必ずわかるようになる。その手がかりとして、攻撃欲の強い人の特徴を押さえておくことが必要なのだ。これから述べる特徴をじっくり読んでいただきたい。

相手をけなして無価値化する

何であれ、とにかくけちをつける。常に「完璧ではない」と言うための口実を見つけるために、あら探しをする。自分が誰よりもよく知っていて、誰よりもうまくやれるということを誇示したいかのようである。

こんなふうに、障子の桟《さん》を指でなぞってほこりを見せつける姑のようなことをするのは、自分が全てを支配していたいからである。もっとも、現実にはそれはできないので、他人のちょっとした弱点や過失などを指摘して、自分の力を見せつけようとするわけである。

あなたが、うまくやれたと、ちょっぴり誇らしい気持ちになっていたら、ささいなことで難癖をつけて、気持ちをくじくようなことをする。たとえば、大きな契約が取れて、意気揚々と上司に報告したら、一切ほめずに、「いくら契約が取れても、接待で経費をたくさん使っていたら、会社の利益にはならないんだぞ。コストパフォーマンスを考えないと。おまえの給料まで考えたら今の倍の契約取ってこないと話にならんな」などと言うような上司だったらどうだろうか。一見まともなことを言っているようにも聞こえるが、ねぎらいも何もなければ、あなたは落ち込み、仕事への意欲を失ってしまうはずだ。

こういう上司は結構多いらしく、広告デザイン会社に勤務しているある男性デザイナーは、とにかく全てを否定する上司のせいで、すっかり自信を失ってしまったという。ひどいのは、かつて自分が出した命令も否定することで、「この構成には、○○を入れろ」と命令したはずなのに、2週間後には「なんで、○○が入ってるんだ」と怒り出す。こうしたことが日常茶飯事なので、彼は、本気で転職を考えているところである。

このような上司がいる職場では、雰囲気が重苦しくなってしまい、社員がみな、自分の過ちを認めるのを極力避けるようなことになりがちである。自分の過ちを認めて謝ると、上司から厳しく叱責されるうえ、「できない奴」という烙印を押されて、社内で軽視されたり、蔑視されたりするからである。

この会社では、アラサーの女性デザイナーが、自分の指示通りの写真を外部のカメラマンに撮ってもらったにもかかわらず、「あのカメラマンは使えないわ」「あいつはバカだからこういう仕事を依頼してはいけない」と吐き捨てたという。他の社員からその写真の見栄えの悪さを指摘されたかららしいが、こういうふうに、うまくいかないことは全部他人のせいにする責任転嫁が蔓延しているようである。

これは、この会社に就職したものの3ヶ月で辞めた女性から聞いた話だが、「自分もこの会社にいたら、こんなふうになってしまう」と思ったのが、退職を決意した最大の理由だということである。

混乱や不和の種をまく

自分に能力、知識、経験などがあることを誇示するために、うまくいっていることをわざわざなくして、複雑で面倒なことを押しつけるようなことをする。しかも、それがうまくいかず、みんなの仕事を妨げるようなことになっても、自分のやり方が間違っていることを決して認めない。自分のやり方を変えると、万能感が傷つくからである。

しかも、自分が間違っていないことを誇示するために、他の人の無知とか経験不足とかを、ことさら強調する。「私の年齢になれば、わかるはず」「そういうことは、あなたが実績を出してから言うべき」などという言葉で、自分自身の優位性を周囲に認めさせようとするのである。

たとえば、私が以前勤務していた病院で、他の科に新しい部長として着任した医師が、このタイプだった。前任者のやり方を全て否定して、自分が以前勤務していた病院のやり方をスタッフに押しつけようとした。とても複雑でわかりにくく、ただ、自分のほうが前の部長よりも能力があり、自分が勤めていた病院のほうが優れていることを認めさせるためにやっているようにしか見えなかった。

しかも、「やりにくい」とか「前のやり方に、せっかく慣れたところだったのに」という声を、自分に対する個人攻撃のように受け止めるところがあった。そのため、治療方針などについて質問されても、答えることを拒否して、誰にも相談せずに独断で決めてしまった。「私がこの科の部長なのだから、重要なことを決める権限は私にある。いちいちスタッフの言うことを聞いていたら、権威がなくなってしまう」という理由で。

では何か問題が起こったときに部長としてきちんと責任をとるのかというと、そんなことは全然なかった。トラブルがあるたびに、「うちの科の責任じゃない。よその科の医者がきちんと診察していないから、こんなことになるんだ」と、いつも責任転嫁した。

やがて、この部長先生は次第に孤立するようになった。そこで、自分の科の医者を仲間割れさせることを考えたらしい。中年の先生と一緒に飲みに行ったときには、若い先生を「去年まで研修医だったひよっこで、何もわかってない」と批判し、逆に若い先生を誘ってランチを食べに行ったときには、中年の先生を「この病院に10年以上いるのに、出世できないんだから」とけなしたという。

こうして、医者を互いに反目させることによって、部長としての権威を保とうとしたのかもしれないが、そうは問屋が卸さなかった。2人とも嫌気がさしたのか、中年の先生は開業し、若い先生は別の病院に転職してしまったので、しばらくの間、医者の頭数が足りず、大変だったようである。

それでも、部長先生は、自分の過ちを認めようとはしなかったし、自分が導入したやり方を変えようともしなかった。うまくいかないのは、この病院の医師や看護師に能力がないせいだと、他人を責めることで切り抜けようとしたのである。

全てを支配しようとする

こんなふうに、うまく機能していたシステムをわざわざ壊して、あえて自分のやり方を導入し、問題が起こっても、それを決して変えようとしないのは、全てを支配していたいという欲望に突き動かされているからである。

しかも、この部長のように、何らかの役職にあって、ちょっとばかり権力を握っていると、独裁者のように乱用する場合もある。その結果、どうなるか？　周囲に無能なイエスマンばかり集まるようなことになりやすい。本人が、できない奴に取り巻かれているのをむしろ喜んでいるように見えることさえある。

まさかと思われるかもしれない。だが、全てを支配したいという欲望からすれば、当然である。仕事ができない人間の分だけ自分がしゃかりきになって働くことによって、自身の有能さを見せつけることができるし、自分がいないと何もできないという印象を与えることによって、自らの存在意義を強調することもできるのだから。

おまけに、バカばかりだと、自分の地位が脅かされる危険性がないし、もし何か問題が起こったときは、全てを能なしのせいにして飛ばせばいいのだから、まさに一石二鳥というわけである。

こうして、周囲に無能なイエスマンばかりを集めて、要塞を築けば、その陰に隠れて操作できるので、全てを支配したいという欲望を満たすことができる。

もちろん、こんなことを続けていれば、企業にせよ、病院にせよ、つぶれてしまうだろう。だが、そんなことは、どうでもいい。こういう人にとって何よりも大事なのは、自分が全てを支配できるかどうかだからである。万一つぶれたとしても、他のバカどものせいにすればいいのだから、あとは野となれ山となれである。

もちろん、こんなふうになるのは、できる人ほど、うんざりして出ていってしまうからでもある。自分がいくら頑張っても、認めてもらえず、敬遠されるだけだし、自分の有能さが上司にとってむしろ脅威なのだと気づけば、よそに移ることを真剣に考えるだろう。先に紹介した事例でも、中年の医師が開業し、若い医師が他の病院に転職したように。

こうして、全てを支配したいという欲望を誰にも邪魔されずに満たすことができるわけだが、こういう組織がつぶれるのは時間の問題である。

白いものを黒と言わせる

こういう人が何らかの権力を行使できるような立場にいると、自分自身の支配欲を満足させるために、他人を屈服させるようなことをしやすい。こうした事例は枚挙にいとまがないが、たとえば、ある生徒の親に対して反感や嫌悪を抱いているために、その生徒をクラス全体の前で叱責したり、笑いものにしたりするような教師などは、その典型だろう。

笑っているほうは、大したことではないと思っているかもしれないが、笑われたほうは、権威を体現している教師から侮辱されたことによって、深く傷つく。ときには、心の傷が後々までずっと残ることさえある。

同じようなことは、職場でもしばしば起こりうる。上の地位に就くと、当然何らかの責任が伴うが、だからこそ、その見返りに他人を支配したり、押しつぶしたりしてもかまわないと考えているような人だっている。

たとえば、30代の会社員の男性は、同期の中で最初に課長に昇進したこともあって、仕事にやりがいを感じていた。彼の部署は、毎月ノルマを達成していたし、営業成績がトップになることも珍しくなかった。部下が行き詰まっていないか常に気を配り、相談にもよく乗っていた。

このような状況を見れば、普通、上司は満足するはずだが、彼の直属の上司である部長は少々違ったようだ。彼の成功にちょっぴり嫉妬したらしく、ほめるどころか、けちをつけるようになった。

おまけに、行き当たりばったりに朝令暮改の指示を出して、彼が部下と一緒に地道に築いてきた顧客との関係を、めちゃくちゃにしてしまった。その責任を押しつけられた格好で、彼の部下は全員他の部署に異動させられた。そのため、彼の部署は空っぽになり、彼自身も降格の憂き目に遭ったのである。

彼は、担当する仕事がなくなってしまい、「今後どうするか」について相談があるということで、部長室に呼び出された。開口一番、「壁の色は何色か？」と尋ねられたので、「白です」と、見た通りに答えた。すると、部長は、「私が君に黒だと言えば、上司が黒だと言っていると、君は理解しなければならない。そういうものだ。君が訴訟を起こしても、つぶされるだけだ」と椅子にふんぞり返って告げたということである。

夫婦間の嫉妬と支配欲

これまで紹介してきたのは、いずれも職場の事例だが、相手を支配したいという欲望が夫婦間で出てくると、さらに厄介なことになる。

たとえば、30代の専業主婦の女性は、年収1000万でルックスもいい夫の不倫を突き止めた。2人を尾行し、相手の女性が夫の経営する税理士事務所の所員であることを知った妻は、後日、夫の税理士事務所を突然訪れ、不倫相手に向かって「この人は不倫をしている悪い女です」と叫んだのである。

夫はあわてふためき、何とかその場を取り繕ったものの、「家で言うならまだしも、会社まで来てこんなことを言うとは。自分のことを考えてくれていないから、こんなことをするんだ。自分を本当に愛してくれていたら、こんなことはしないはず」と考えて、離婚を決意したという。

離婚された妻は、相当な額の慰謝料を受け取ったものの、ひきこもり気味の生活を送っており、「あんなにいい男は、彼以外には絶対にいない」と、自らの行動をひどく後悔しているらしいが、後の祭りである。

夫の浮気を許せなかった妻の気持ちは、痛いほどわかる。ただ、夫の職場まで押しかけていって、相手の女性を罵倒するようなことをすれば、夫の面目は丸つぶれである。もしかしたら、浮気された仕返しに、夫の顔をつぶしてやろうという復讐願望に駆り立てられたのかもしれない。

もちろん、このようなエキセントリックな行動に妻を走らせたのは、夫の愛を失いたくない、夫を何とかしてつなぎとめたいという切実な思いだろう。その根底に潜んでいるのは、嫉妬だが、先ほど紹介したラ・ロシュフコーが鋭い洞察力で見ぬいているように、「嫉妬の中には、愛よりも自己愛のほうが多い」。また、「人を愛すると同時に嫉妬は生まれるが、愛が終わっても嫉妬だけは生き残る」ので、愛がなくなった夫婦が、自己愛ゆえの嫉妬にさいなまれながら、お互いに相手を支配したいという欲望を抱いて一緒に生活していると、不幸な事態を招きかねないのである。

夫の支配欲に悩まされる妻も少なくない。たとえば、私の知り合いの夫婦の場合、妻は証券会社に勤めているが、夫は現在求職中である。夫は、銀行への就職を希望しているものの、年齢が30代後半ということもあって、高学歴にもかかわらず、なかなか難しいのが現状である。

そのせいだろうか、高収入の妻に対して、夫が「そんな仕事をしても意味がない」となじることがあるらしい。そんな夫に対して、妻は、希望する仕事がなかなか見つからなくてイライラしているんだろうなあと思いつつ、あわれみのまなざしを向けることで、できるだけ腹を立てないようにしている。

妻は、激務のかたわら大学院にも通っており、博士論文を執筆中である。夫も「せっかくだから博士論文は書いたほうがいいよ」と言ってくれるのだが、妻は、もしかしたら「仕事に専念してほしくない」という気持ちの表れなのではないかと、ふと思ってしまうことがあるという。

もし、妻が仕事を辞めるようなことになれば、この夫婦は無収入になってしまうので、夫も困るはずだ。それでも、「そんな仕事をしても意味がない」と妻の仕事をけなして無価値化するのは、働きながら大学院にも通っている妻に、「だめんず（ダメ男）」の自分がどうしてもかなわないからだろう。

相手より優位に立って支配したいという欲望が満たされないと、こんなふうにネチネチと嫌みを言うしかなくなるのである。

一緒にいると気づく〝独特のパターン〟

こういう人を一目で見分けるのは、決して簡単ではない。頭に角が生えているわけでも、いつも手に刃物を握っているわけでもないのだから。ただ、対人関係に独特のパターンがあるので、それを知っておけば、早めに気づいて、ターゲットにされることからあなたの身を守ることができるだろう。

まず、しばらく一緒にいると、何となく疲れて、重苦しい気分になる。何でもけなして無価値化する傾向が強いので、徒労感や空虚感を覚えることさえある。こんなふうに自分が枯渇していく感覚は、気づくためには非常に有用だが、同時に微妙でもある。自分が感じている疲労感と、その前に接触した人物を結びつけて考えられればいいが、普通は、過労とか年のせいとかで片づけてしまいがちだからである。

こういう人と一緒に過ごしていると、何となく落ち込むとか、元気がなくなるとかということに気づくのに何ヶ月、あるいは何年もかかると思ってはいけない。そこまで悠長に構えていたら、あなた自身が破壊されてしまうことだってあるのだから。同僚や上司、家族や親戚、友人や知人などとしばらく接した後で、混乱したとか疲れたと感じたら、要注意だ。こういう人と接した後で決まってトラブルに巻き込まれるようなことがあれば、かなり危険と警戒すべきである。

最初はわからないかもしれないが、言動を注意深く観察していれば、次第にわかるようになってくる。一言で言えば、こういう人と接した後は、ぐったりとして衰弱する感じがする。態度や会話なのか、全体の雰囲気なのか、ともかく、あなたの世界を混乱させて、あなたのエネルギーを空っぽにするようなところがある。

たとえば、20代の研究所勤務の男性は、ある晩、午前2時か3時頃目が覚めて、なかなか寝つけなかった。なぜだろうと思い、昨日の朝から自分の身に起こったことを順番に思い返してみた。

滑り出しは順調だった。朝起きると、彼女からメールが届いており、「研究大変そうだけど、頑張ってね」という優しいメッセージに感激して出勤した。研究所でも、上司から、最近提出した研究計画書をほめられ、「これがうまくいけば、アメリカ留学の話も出てくるかもしれない。期待しているから」と激励された。

意気揚々と実験に励み、研究所を出た後、有名レストランに行った。久しぶりに父に会って、一緒に食事するためである。自分の研究計画書がほめられ、アメリカに留学させてもらえるかもしれないと、ちょっぴり自慢に思い報告したところ、父に一喝された。

「そんなことで喜んでいるようでは、おまえはまだまだ甘い。計画書を出しただけで、それがうまくいくかどうかなんて、わからん。それに、アメリカに留学したからといって、みんなが成功するわけではない。浮かれて遊んでばかりいて、ダメになった奴を何人も知ってるんだ。おれが若い頃は、おまえなんかよりずっと勉強したし、休まずに働いたもんだ。もっと頑張って努力しないと」

と言われたのである。

「いつもこうだ。何かうまくいって、お父さんに認めてもらいたくて報告しても、いつだってけちをつけられる。その後で調子が悪くなって、自分のやっていることに価値がないように思えてきて、やる気がなくなり、結局失敗することになるんだ」

と思うと、よけいに眠れなくなった。

この父はできる人である。一流国立大学を出て、大企業に入り、かなり出世した後、独立して会社を設立した。この会社はかなり成功しており、父も相当もうけているらしく、息子に会うたびに「研究なんて、一文にもならんことをして。仕事というのは、どれだけ金を稼げるかだ。どれだけ少ない時間とコストでもうけを出せるかだ」と、口癖のように言っている。

父は、以前勤務していた会社の秘書と不倫関係になって、この男性の母とは離婚している。なので、たまに会うだけなのだが、そのたびに自分の存在価値を否定されているように感じて気が滅入るということを、以前から薄々感じてはいたものの、今回はっきり気づいたという。

この男性は、幼い頃から立派な父に憧れ、あんなふうになりたいと願いながらも、父の前ではどうしても萎縮してしまっていた。おまけに、父が卒業した大学に二浪しても入れず、滑り止めで受けていた私立大学に、すでに離婚していた父の援助で進学したときから、頭が上がらなくなった。

そのため、どうしても乗り越えられない父に対する劣等感が強く、父が息子を叱咤激励するために言ったことでも、自分を認めてくれていないからだというふうに受け止めてしまうようなところがなきにしもあらずである。

ただ、この父が息子の成功を過小評価したり、努力を認めなかったりするのは、常に自分が誰よりも優秀であることを誇示したいためでもあるようだ。息子に対しても、「おれを乗り越えてみろ。どうせおまえには無理だろうが」というメッセージを送っているようにも見える。

もっとうがった見方をすれば、再婚した秘書との間に子供がいないので、この息子を自分の会社の後継者にしたいという思惑があって、息子が現在取り組んでいる研究をけなして無価値化するようなことばかり言うのかもしれない。だが、父の思惑通りに、父の会社を継いだら、父の支配欲のせいで、眠れない夜が続きそうである。

罪悪感を抱かせる達人

この父もそうだが、彼らは相手に罪悪感を抱かせる達人である。家庭でも、職場でも、友人関係でも、何かうまくいかないことがあると、ターゲットに、その責任は自分にあり、悪いのは自分だというふうに巧妙に思い込ませる。

どうやって？

彼らは、独特の言い回しが特徴的である。「あなたがもっと気をつけていれば、こんなことにはならなかったのに」「疑ってみるべきだったのに」「そんなことは、みんな知っているのに」というふうに、相手の不注意や無知のせいにするのがうまい。

あるいは、間違ったことをしたのは自分なのに、そう仕向けたのは相手だというふうな言い方をする。たとえば、この父は、先ほど紹介したように、秘書と不倫して、最初の妻と離婚しているのだが、浮気がばれたとき、妻に向かって「おれがこんなことをしたのは、おまえのせいだ」と言い放ったということである。

こんなふうに言われたら、妻のほうは、夫を責めづらいし、慰謝料の請求もしにくくなる。もしかしたら、相手に罪悪感を抱かせることによって、反撃させないようにするのが本当のねらいなのかもしれない。息子の話では、この父は、かなり稼いでいるにもかかわらず、相当お金に細かいらしいので。

さらに、相手が、自分の身に起こったことは自分に責任があるのであり、こんなひどい仕打ちをされても仕方ない人間なのだと思い込むようにでもなれば、しめたものである。そのために、さまざまな術策を用いるが、社会で一般的に受け入れられている「正しい」ことを引き合いに出すのが好きなようである。

たとえば、次のように言うことが多い。

1 「うまくいかなかったら、それは悪いということだよね」→うまくできなかったあなたが悪いと責めるための言葉

2 「どんなことでも、能力がないとうまくいかない」→あなたに能力がないからこんなことになったのだと責任転嫁するための言葉

3 「友達同士の間では、何でも言ったほうがいい」→相手を攻撃する自分を正当化するための言葉

4 「愛があるからこそ、厳しくするんだ」→こういう言葉で虐待や体罰が正当化され

ることがいかに多いか

5 「いろいろ文句を言う人がいるけど、だいたいは、そんなことを言っている本人が悪い」→私に対して不平や不満をもらすあなたが悪いのだと非難するための言葉

このような表現が用いられること自体は、それほど珍しくないかもしれない。だが、こういう言い方を多用する人が攻撃欲や支配欲を抱いていることもあるので、それを見ぬく目を養うことが必要だ。

こういう言い回しをしばしば用いるのは、自分自身が罪悪感にさいなまれずにすむようにするためである。そのために、自分自身の「悪」を否認して、相手に投影し、責任転嫁するわけである。

このメカニズムに本人が薄々気づいていることは、5の言い回しに表れているが、それでも、自分が悪いとは決して認めようとしない。あくまでも相手に罪悪感を抱かせて責め続けるところに、底知れぬ怖さがあると言えよう。

被害者面が得意

相手に罪悪感を抱かせるうえで何よりも有効なのは、自分が被害者のふりをすることである。そうすれば、自分の責任は全て否認できるのだから。そのため、何か具合の悪いことがあっても、悪いのは常に他の誰かであり、自分はあくまでも被害者なのだという印象を周囲に与えようとする。

ターゲットにされやすいのが、誰かが困っているとすぐに同情して、助けてあげたい、慰めてあげたい、守ってあげたいなどと思うような人なのは、決して偶然ではない。こんなふうに優しい人は、少しでも責められると、悪いのは自分なのかと罪悪感を抱きやすいので、攻撃対象としては打ってつけなのである。

そのうえ、攻撃欲の強い人は逃げるのもうまい。もし、あなたが、「私が一体何をしたというのだろう？　なぜ私がこんなに責められなければならないのだろう？」と疑問を感じて、質問しても、巧妙に話をそらせたり、論点をすり替えたりする。ときには、別のことであなたを攻撃して、あなたの心の中にさらなる混乱の種をまくかもしれない。

だいたい、質問にはちゃんと答えず、はぐらかす達人である。そのため、あなたが、自分には落ち度がないのに責められることが納得できず問いかけても、のれんに腕押しだ。あなたは、痕跡を残さずに殴られ続けているような気になるかもしれない。

要するに、攻撃していることを隠蔽しながら攻撃するのが常套手段である。もし、わかりやすいやり方で直接攻撃するようなことをすれば、反撃されるかもしれない。説明を求められるかもしれない。場合によっては、相手が防御したり、逃げ道を見つけたりするかもしれない。そうさせないために、自分は責めているわけでも、攻撃しているわけでもないと否認しながら、ターゲットを身動きできない状態に追い込んでいくわけである。

たとえば、20代の男性が、大学を卒業して最初に就職した会社の上司が、こういうタイプだった。彼は入社直後に、職場の雰囲気が重苦しく、よどんでいることに気づいた。社員はみな、表面はニコニコしているのだが、お互いに不信感を抱いており、警戒してできるだけ関わらないようにしていた。この部署の上司が、部下同士を互いに競争させて、実績を上げられない社員を当てこすりやほのめかしで攻撃していたからである。

この男性も、入ってすぐに、「君は大物だから」と言われ、それからずっと「大物君」

と冗談めかして呼ばれるようになった。この男性が一流大学を出ていることに対する当てこすりのようなのだが、本人は身長が低いことをずっと気にしていたので、「大物君」と呼ばれるのが嫌でたまらなかった。

同時に、「君が大学で習ったマーケティング理論なんて、ここでは何の役にも立たないんだ」「君は、現場での経験がないのだから、一からやらないといけないんだ」などと、他の社員の前で罵倒されるようになった。こんなふうに毎日罵倒されているうちに、自信がなくなり、自分に落ち度がない場合でも、何となく自分が未熟で経験不足だからなのかなと思うようになったのである。

だが、やがて、この上司は、自分がへまをやったようなときに限って、自分の責任を回避するために部下を怒鳴りつけるのだということに気づいた。それを象徴するような出来事があったのである。

ある日、この男性が仕事を終えて、会社が入っているビルから出るところだった。すると、この上司も地下駐車場から車を発進させたところで、アクセルを踏み込みすぎていたためか、危うくこの男性をひきそうになったのである。

間一髪、難を逃れたものの、上司から「バカ野郎。どこ見て歩いているんだ。もっと注意しろ。ドライバーがいつもいつもおまえのことを気にかけてくれるわけではないんだぞ」と怒鳴られた。悪いことに、いつもの癖と恐怖感から、「すみませんでした」とあやまってしまった。

だが、後から冷静に考えてみると、どう見ても悪いのは上司のほうである。自分は、普通にビルの玄関から出て歩いていただけなのに、上司が車のスピードを出しすぎていたせいで、危うくひかれそうになったのだから。

被害者はこちらのはずなのに、それを逆転させてしまうのが、この上司の常套手段なのだということに気づいてから、この男性は、上司に何を言われても聞き流すようにしたということである。

この上司は、常に他の誰かを責めて罪悪感を抱かせることによって、自分自身の過ちが問われるのを極力避けようとしている。そうすることによって、自分が不安や葛藤を感じずにすむからである。

こういうタイプの上司はどこにでもいるが、共通するのは、何か問題が起こったとき責任逃れできるように、いつも責任転嫁ばかりしているという点である。とにかく、責任も、罪悪感も他人に押しつけられるように、その下地を日頃から準備している。

当然、雰囲気は重苦しくなるし、部下の士気も下がって、結局は業績が低迷することになる。うがった見方をすれば、そういう事態に備えて、スケープゴートを用意しておく必要があるからこそ、「ダメ社員」の烙印を押した部下を毎日毎日罵倒し続けるのかもしれない。

嫌がらせをする真意を見きわめて

こういう人に一度でも出会うと、みんながみんな同じタイプなのではないかと疑心暗鬼になって、心を許すことができなくなってしまうかもしれない。その結果、親密な人間関係を築くことができなくなり、常に孤独感にさいなまれるようなことにもなりかねない。

そういう事態を防ぐためにも、単に破壊したい、あるいは支配したいという欲望を満たすために攻撃的になっているのか、それとも何らかの利害がからんでいるのかを見きわめることが必要になってくる。一例を挙げよう。

20代の女性会社員は、上司の男性から全然信頼されておらず、早く辞めてくれとせっつかれているような印象を抱いていた。自分が仕事上、当然知っておくべき情報を聞いていなかったとか、自分が言ったことを全て無視されたとかという類のことがしょっちゅうあったからである。おまけに、ちょっとでもミスをすると、他の社員の前で罵倒された。

彼女は、自分の価値を否定され、侮辱される毎日に嫌気がさし、すっかり自信を失ってしまった。仕事に取り組もうとしても、上司から浴びせられた言葉が耳の奥で響いて、涙ぐんでしまうことさえあった。

ところがある日、全くの偶然から、この上司の真意を知ることになった。上司が彼女に対して早く辞めてくれと言わんばかりの態度を示していたのは、怒っているからでも、破壊したいからでもなく、単に自分の愛人を彼女の代わりに雇いたかったからだとわかったのである。

その日から、彼女はすっかり変わった。問題があったのは上司のほうで、彼女自身には何の落ち度もなかったことが明らかになったのだから。上司が彼女を排除したいと考えていたのは、決して彼女自身の能力や態度のせいではなかったのだということを知ってから、彼女は自信を取り戻し、最近では、上司に罵倒されても、「それは私の責任ではありません」と言い返すことさえあるということである。

落ち込んで眠れなくなったということで私の外来へ受診しに来た30代の女性も、やはり同じような経験をしていた。落ち込んだのは、以前は優しかった夫から、「おまえは最低の妻だ」「料理も下手だし、家の片づけもできない」「よく外出するのは、浮気でもしているからじゃないのか」と責められるようになったからである。

夫と一緒にいると、針のむしろに座っているような気持ちになるため、夫の要求を受け入れて離婚したのだが、離婚後、衝撃的な事実が明らかになった。夫には若い愛人がいて、しかも、離婚直後に出産していたことを、夫の同僚から聞いたのである。

もちろん、この女性はショックを受けた。腹も立った。この事実をもう少し早く知っていたら、あんなに簡単に離婚には応じなかったし、慰謝料ももっとふんだくってやれたのにとも思ったという。

それでも、この事実を知らなかった頃よりも、元気になった。夫が自分を責めたのは、自分に落ち度があったからではなく、むしろ夫の側に問題があったからだということがわかったからである。この女性は、現在、不倫の事実を隠して離婚を要求した夫と相手の女性に対して慰謝料を請求することができるのかどうかについて、弁護士に相談しているところである。

この夫は自分自身が浮気していたからこそ、その「悪」を否認するために、妻が浮気しているのではないかと責めた。こんなふうに責められると、自分は浮気なんかしていないのになぜ疑われるのだろうといぶかしく思うかもしれない。信頼されていないのかと、落ち込んでしまうかもしれない。だが、自分に後ろめたいところ、やましいところがあるほど、それを他人に投影して攻撃するような人間がいるのだということを知っておけば、それほど悩まずにすむはずである。

そのためにも、相手の真意、つまり他者の欲望を見きわめることが必要だ。利害がからんでいることがわかれば、まだ対処のしようがあるのだから。だが、羨望、つまり他人の幸福が我慢できない怒りゆえに、破壊してやりたいという欲望を抱く人間もいる。こういう人間のほうが、よほど怖いのである。

第2章

どんなふうに壊していくのか

第1章を読んで、「もしかしたら、自分もすでにこういう人の餌食になっていて、身動きがとれなくなっているのではないか」という不安や疑念にさいなまれた方、自信をなくしてしまった方もいるかもしれない。

もし、自分の価値を否定されたように感じて、麻痺したようになってしまい、言い返すこともできなくなるようなことが何度もあったとすれば、すでにターゲットにされているのではないかと疑ってみるべきだろう。

前の章でも述べたように、利害関係がはっきりしている場合は、まだわかりやすく、対処のしようもあるのだが、必ずしもそうとは限らない。ただあなたを壊したいという理由だけで、あなたを打ちのめし、あなたがやっていることを台なしにし、あなたの人格までも打ち砕こうとするような人間がいるのである。

こういう人は、あなたを傷つけたいという欲望だけでなく、それを隠すための術《すべ》も持ち合わせていることが多い。そのため、全然警戒せずにいると、やすやすとつけ込まれ、操作されてしまうようなことになりかねない。

というのも、それとわかるような特徴が顔にはっきりと表れているわけではないからである。むしろ、善良で優しそうな仮面をかぶりながら、あなたを破壊しようとするので、要注意である。

たとえば、前の章で紹介したように、親切そうな顔で協力者や理解者を装いながら、実はあなたの地位をねらっている後輩が職場にいることもある。あるいは、あなたの有能さが自分の出世の邪魔になるとか、ねたましいとかいう理由で、あなたの能力を否定しようとする同僚や上司だって、いるかもしれない。

家庭にも、バリバリ稼ぐ妻への嫉妬から、妻の仕事をけなし、ネチネチと嫌みを言うような夫がいる。わが子が自立して自分から離れていくのを妨げるために、どんな仕事を見つけてきても、「そんなしょうもない仕事」と見下して評価せず、かなりの額の小遣いを与えて、ニートのままにしておくような親もいるのである。

いずれにせよ、本人は明確に自覚していないかもしれないが、結局は相手を破壊することになる。あなたが破壊されないようにするためには、まず何よりも気づくことが必要なので、一体どんなふうにして壊していくのか、実例を紹介しながら解説することにしよう。

ケース1　息子の夢を打ち砕こうとする父

前の章でも紹介した、息子がいくら努力しても認めようとせず、どんな成功も過小評価する父は、何としても息子の夢を打ち砕こうとしているように見える。息子は、一流の研究者になって、自分の研究が世のため、人のためになることを夢見ているのだが、父に言わせれば、「一文にもならんこと」で無価値ということになる。

この父は、最近、息子のアメリカ留学を阻止しようとしている。息子が中心になって進めている研究がうまくいけば、アメリカに留学するように上司から勧められているのだが、父は「そんなことは、やめとけ」と息子を説得している。「それが、結局はおまえのためだ。いずれ、わかる。将来、おまえはおれに感謝するようになるにちがいない」という常套句で。

こんなふうに息子の夢を押しつぶそうとするのは、どうしても息子に自分の会社を継がせたいという欲望に父が突き動かされているからのようである。

この父の欲望と自分自身の欲望との間で息子は葛藤しており、自分がやっていることの価値を認めてもらえず、否定され続けているせいか、しばしば落ち込むという。

ケース2　妻の自立を阻もうとする夫

私の知り合いの女性は、大企業の東京本社に勤務していたのだが、結婚・出産を契機に退職して、夫の転勤に伴い関西で暮らすようになった。最近、子供に手がかからなくなったので、もう一度働きたいと思っている。だが、パートにせよアルバイトにせよ、何か仕事を見つけてくるたびに、夫が「時給が安すぎる」「拘束時間は長いのに、待遇が悪い」「リスクがありそう」などと、けちをつけるため、せっかく採用通知を受け取っても、結局断わることになる。

この夫は、表面上は、妻が働くことに反対しているわけではない。ただ、「自分は仕事で修羅場をくぐり抜けてきたので、働くことの大変さがよくわかっている」という理由で、妻に助言するだけである。

どうも、「女は家にいて、家事や子育てをきちんとするべき」という考え方の持ち主のようで、妻子が不自由なく暮らしていけるくらいは自分が充分稼いでいるという自負もあるらしい。

何よりも、妻が経済的に自立することを望んでおらず、自分がいなければやっていけないのだと、妻に常に思い知らせておきたいようである。この欲望を満たすためには、それこそ何でもする。日頃はとても優しいのだが、妻が自分の助言を聞き入れないと、「おまえみたいなおばちゃん、やっていけるわけがない」などと侮辱したり、けなしたりすることさえあるという。

それでも、夫には、妻をおとしめているという自覚など毛頭なく、むしろ良き理解者だと思い込んでいるようなところがある。何しろ、「妻がよけいな苦労をしなくてすむように」「妻のためを思って、忠告してやっている」というのが口癖なのだから。

妻のほうは、夫が自分を本当に理解してくれているとは思えず、最近では、自分を愛してくれているのか、それとも思い通りになる人形のような女として家に置いておきたいだけなのか、一体どちらなのだろうと悩むようになったのである。

ケース3　有能な部下をのけ者にする上司

30代の会社員の男性は、40代の上司が自分の業績を決して認めようとせず、やる気をそぐようなことばかり言うので、すっかり打ちひしがれてしまった。この男性は、営業成績がトップクラスなのに、上司がきちんと評価してくれず、けちをつけてばかりいるせいで、仕事への意欲を失ったのである。

おまけに、上司は、この男性を重要なプロジェクトから外し、のけ者にして、孤立するように仕向けた。これは、上司が、自分より仕事ができる部下を目の当たりにして、追い越されてしまうのではないか、いずれ有能な部下に自分の地位を奪われてしまうのではないかという不安を抱き、脅威を感じたからだろう。

このように、自分が支配し続ける状況を維持するために、それを脅かしかねない邪魔者を排除するべく徹底的に破壊しようとするのは、よくあることだ。自信がない人間ほど、優秀な相手を前にすると、その能力を最大限に引き出すとか、自分も頑張って努力するとかということをせず、過小評価したり、無価値化したりして、自己愛の傷つきから自分自身を守ろうとするものである。

仮面をかぶった破壊者を見破る方法

ここで紹介したようなタイプに遭遇すると、おそらく次のような印象を受けるはずである。

「他人を壊すのが楽しくて、やっているみたい。私が自分なりのやり方でやろうとするのを許さない」

「全てを支配しないと、気がすまないみたい。私に、弱くて、ちっぽけで、取るに足らぬ人間だということを思い知らせたいのだろうか」

「私を『役立たず』にしてしまいたいみたい。私が成長しようとするのを許してくれない」

「いつだって『おまえのため』と言いながら、私を壊そうとしているみたい。第一、あの人と一緒にいると、息が詰まって、落ち着かない」

「結局、私の言うことなんか聞いてくれないし、認めてもくれない」

「口を開けば、ネガティブなことしか言わない。全然前向きではない批判ばかりなので、どうすればいいのかわからなくなる」

「いつもバカにされ、侮辱されているような感じで、気力がなくなってしまう」

あなたが、こんなふうに感じたら、要注意である。少し距離を置きながら観察して、できるだけ巻き込まれないように警戒する必要がある。

もっとも、こんなふうに感じた時点ですでに手遅れで、それまでに相当傷つけられ、痛めつけられているかもしれない。向こうは、気づかれぬようにそっと忍び寄って破壊する達人だからである。

たとえば、2度の出産の後、体重がなかなか元に戻らなくて悩んでいる30代の女性は、次のように訴えた。

「新しいダイエット法があると聞くたびに、何でも試してみました。こんどこそ、うまくいって、やせられると信じて。それこそ、何でもやりました。スポーツもやりましたし、エステにも通いました。

最初は、ちょっとですが、体重が減るんです。ところが、突然、頭がもやもやしてくるんです。どうしてなのかは、わかりません。疲れ果てた感じで、何をするのも嫌になり、ずっと寝っぱなしになります。そうなると、家事も子供の世話もできません。

やっと起き上がれるようになっても、自分はなんてダメな女なんだろう、何もできないと自分を責めます。この罪悪感から逃れるためには、食べるしかなくて、台所に駆け込んで、手当たり次第にワーッと食べてしまいます。

当然、太りますから、お風呂上がりなんかに鏡で体のたるみを見ると、ため息が出て、何もする気がなくなります。最近では、何度ダイエットの決心をしても、うまくいかず、同じことを繰り返している自分につくづく嫌気がさしています。

過食を抑える薬があると聞いたので、出してほしいのです」

たしかに、この女性はぽっちゃりした体型だが、そんなに太っているわけではないし、モデルでも女優でもないのだから、薬を飲んでまでやせる必要はないのではないかと私は説明した。また、過食衝動を抑制する薬がないわけではないが、どんな薬にも多かれ少なかれ副作用があるので、そのデメリットを考えると、服薬はあまり勧められないということも伝えた。

それでも、とにかく過食を抑える薬を出してほしいの一点張りで、私が戸惑っていたら、つき添っていた姉が、それまでの経緯をくわしく説明してくれた。ちなみに、この姉は、妹と比べてかなりふっくらした体型だが、そのことを気にしているようには見えなかった。

「妹は、若い頃から、スタイルを気にするところがありましたが、こんなにこだわるようになったのは、妹の夫に出会ってからです。夫は、自分がハンサムでスラッとしているからか、外見をかなり気にします。

妹が出産後に太りだしてから、そのことをずっと言い続けています。いつだって冗談めかした感じなのですが、ちょっと言いすぎなのではないかと私は思っています。

妹は、自分の体型を人前で夫に笑いものにされても、ニコニコとしています。でも、内心はどうなんでしょうか。深く傷ついているのではないでしょうか。だからこそ、いつもワンサイズ小さい服を買います。服に合わせてやせられるようにするためだということですが、そんな服は着られないので、結局よけいに落ち込むことになります。

最近も、こんなことがありました。妹の家に主人と子供と一緒に遊びに行ったとき、妹の夫が知り合いの太った女性をものすごく批判したのです。丸々としていてみっともないとか、ダイエットできないのは自己管理能力がないせいだとかと、いうように。

聞いていて、私も自分のことを言われているようで、腹が立ちましたが、途中で台所までビールを取りに行った妹の目にも、うっすらと涙が浮かんでいました。それが見えたのか、妹の夫は急に話題を変えましたが、反省している様子はありませんでした。むしろ、自分のやったことに満足しているようで、私は背筋が寒くなりました。

こんなふうに、毎日毎日、夫から体型のことで責められていたら、妹がやせたいという願望にとりつかれるのも、無理はないと思うんですね。夫のほうに、自分のせいで妹が落ち込んで家事もできなくなることがあるという自覚があるのか、ないのか、わかりません。ただ、非常に外面《そとづら》がいいので、他人の目には、あんな優しそうなご主人なのに、何が不満なのかしらというふうに映るのではないでしょうか」

この夫は、うわべは優しくて善良そうなのに、相手の弱点を繰り返し指摘して傷つける典型である。こういうタイプは、好感を与える仮面の下に邪悪な破壊衝動を隠して、そっと忍び寄ってくる。

しかも、自分の攻撃欲を正当化するための言い訳が実にうまい。たとえば、この夫は、自分が太った女性を批判したせいで妻が目に涙を浮かべたことで、妻の姉から少しは口を慎むようにたしなめられた際に、「ほんの冗談のつもりだったのに」「妻を責めたわけじゃない。一般論として、太っていると、美容にも健康にも悪いと言いたかっただけ」などと言い逃れをしたということである。

その他にも、「あいつのためを思って言っただけ」とか「言うべきことを言っただけ」とかという具合に逃げ口上はいくらでもあるので、しっぽをつかむのが難しい。

そこで、こういう人が周囲にいると、一体どんな反応が生じるのかを知っておくことが必要になる。反応は大きく2種類に分けられる。①あなた自身がターゲットにされると、どんなふうに感じるのか、②攻撃欲の強い人が近くにいて、誰かを攻撃していると、どんなことが起こるのかである。

この2種類の反応をしっかり把握しておけば、あなたは自分の身を守ることができるはずである。

①あなた自身がターゲットにされると、どんなふうに感じるのか（出現する反応）

あなたの周囲に攻撃欲の強い人がいて、しかも、あなた自身がターゲットにされていると、一体どんな反応が出てくるのだろうか？　次のような症状が出現したら、要注意である。

1　急に気力がなくなることがある

2　しばしば、罪悪感にさいなまれたり、不信感が募ったりする

3　突然、もうダメだと自信をなくすことがある
4　ときどき、エネルギーがなくなったように感じる
5　反論や反撃をしても、ムダだと思う
6　あの人は、何かにつけて私をけなすので、落ち込む
7　あの人の感情を動かしたり、考えを変えさせたりすることはできないと思う
8　あの人のやっていることは、言っていることと随分違うように感じる
9　あの人の言うことには、曖昧さがあり、どう受け止めたらいいのか困惑する
10　あの人がいると、心身の不調を感じることが多い

3つ以上あてはまれば、もしかしたらと疑ってみる必要がある。5つ以上あてはまれば、ターゲットにされている可能性がかなり高いので、「あの人」とは、できる限り距離を置くようにするべきだろう。

その場合、一人で悩んでいないで、他の誰かに相談して、助言や助けを求めたほうがいい。自分自身が渦中にいると見えにくいことでも、外から第三者として観察している人にははっきり見えることがよくあるからである。

②攻撃欲の強い人が近くにいると、どんなことが起こるのか（外から観察できる反応）

それでは、攻撃欲の強い人が近くにいて、誰かを攻撃していると、周囲にどのような反応を引き起こすのだろうか？　自分が直接ターゲットにされていなくても、次のような反応の出てくることが多い。

1　重苦しい雰囲気
2　もめ事や不和
3　病気の増加
4　沈滞ムード
5　疲弊

一つ一つの反応を見ていくことにしよう。

1　重苦しい雰囲気

発熱が風邪の症状の一つであるのと同様に、重苦しい雰囲気は、攻撃欲の強い人がいることを示す重要なサインである。無意識のうちに、何かがうまくいっていないことを感じ取っているのであり、当然、人間関係も緊張して、張り詰めた空気が漂う。

このような雰囲気に耐えられなくて、自分のせいではないかと罪悪感を覚える人もいれば、ターゲットにされている被害者のほうに原因があるのではないかと勘違いする人もいるだろう。いずれにせよ、向こうの思うつぼである。何しろ、事態をもつれさせて、判断を混乱させる達人なのだから。

だからこそ、こういう人の手口や、その背景にある心理をきちんと理解しておくことが必要になる。何よりも、あなた自身が振り回されないように、そして、万一ターゲットにされても、ちゃんと抵抗できるように。

2 もめ事や不和

こういう人は、自分が優位に立ちながら支配欲を満足させられるように、周囲を仲たがいさせて、お互いに離反させようとする。嫉妬、怒り、恨みつらみなどをかき立てるのがうまいので、周囲にもめ事や不和が絶えないのは、当然の帰結とも言えよう。

しかも、きわめて巧妙に波風を立てるので、もめ事や不和を引き起こしている真犯人が一体誰なのか、周囲が気づくのに時間がかかる。最後まで気づかないことさえある。たとえ、気づいたとしても、周囲がすでに反目し合っている場合には、もめ事や不和の元凶に対して、団結して立ち向かうというような展開にはなりにくい。そのため、種をまいた張本人は、結局、支配欲を満たすことができるわけである。

3　病気の増加

攻撃欲の強い人がいる職場では、必ずといっていいほど、病気で休む人や事故に遭う人が多い。あるいは、異動願いを出したり、突然退職したりする人が増える。必ずしも偶然とはいえず、攻撃欲の強い人のそばで自分が壊れていくよりは、病気や事故のほうがまだましというふうな防衛反応の一種かもしれない。

まあ、重苦しい雰囲気の中で、毎日毎日毒のある言葉を聞かされていれば、心身ともに変調をきたすのは当然といえば当然である。そのせいか、家族全員が病気というような場合もある。毒を吐き続けている当の本人も、さまざまな症状を訴えるのだが、実はそれほど深刻ではなく、自分の「病気」を口実にして、他の家族を破壊したり、支配したりしようとしている可能性も否定できないのである。

4　沈滞ムード

前の章でも指摘したように、攻撃欲の強い人がいる職場では、できる人ほど、うんざりして出て行ってしまうので、結局、能力も意欲もない人が残る。そのため、活気もなくなり、沈滞ムードが漂うようになる。

すると、どうしても、ちょっとしたミスやしくじりが繰り返されるようになる。もっともこれは、攻撃欲の強い人が、わかりにくい指示を出したり、以前とは矛盾することを命令したりして暗に妨害するからかもしれない。単に、成功させるためには不可欠な資金や人員をわざと与えないという場合だってあるかもしれない。

当然、誰もが落ち込んで、やる気を失い、何をやっても、失敗する羽目になる。ただ、こういう状況を前にして、攻撃欲の強い人はむしろほくそ笑むはずだ。他の誰かが失敗すれば、他人の能力も努力も決して認めようとしない自分の姿勢を正当化することができるからである。

あなたが、どれだけ頑張って努力しようと、正当に評価するようなことはない。「よくやった」とほめることもない。むしろ、重箱の隅をつつくようにあら探しをして、あなたの努力を台なしにしようとする。

なぜ、こんなことをするのか？　単に、あなたより自分のほうが優れていることを思い知らせて、優越感に浸りたいからである。こういう人は、他人に無力感を味わわせ、沈滞ムードを漂わせれば、自分の力と優越性を誇示できるので、周囲を支配することができたような気になるのである。

5　疲弊

こういう人が近くにいると、あなた自身が直接ターゲットにされていなくても、エネルギーが枯渇していくように感じるはずである。当然、他の人も打ちひしがれたとか、気力がなくなったというふうに感じて、結局みな疲弊していくことになる。

明確な理由がないのに、何となく疲れ果てたというふうに感じたら、周囲を見回してみるといい。そういうときに限って、誰かが周囲にいないだろうか。もし、いたら、その人が元凶である可能性が高い。もしかしたら、優しい親切そうな顔であなたに近づいてきた意外な人物かもしれない。

このような反応が周囲に起こっていれば、攻撃欲の強い人がいて、誰かをターゲットにしているのではないかと警戒すべきである。ここで忘れてはならないのは、こういう人は自分の正しさを確信しているということだ。当然、自分のやっていることを振り返るような殊勝なことはしない。

自分が常に正しくて、いつも間違っているのは他人と思い込んでいるので、考え方を変えさせるのも至難の業《わざ》である。この点を忘れて、こういう人のやり方を変えさせようとしても、骨折り損のくたびれもうけで、ただ疲れ果てるだけである。

彼らが使う7つの武器

すでに述べているように、攻撃欲のある人はこっそりと忍び寄ってくるので、気づくのに時間がかかる。たとえ、あなたが気づいて指摘しても、向こうはあくまでも否認するだろうし、自分は被害者面をして、あなたを加害者に仕立て上げようとするかもしれない。また、巧みな脅し文句で、反論も反撃もできないようにすることだってあるだろう。

そこで、彼らが破壊するために一体どんな手法を使うのかを知っておく必要がある。だいたい、次の7つである。

1　わからないふり

あなたが向こうの攻撃欲に気づいて、とがめても、なぜ自分が責められるのか全然わからないというふうに驚き、当惑したふりをするだろう。「わかりません」としらを切り、理由を説明するようあなたに要求するかもしれない。

あるいは、自分のやったことを釈明して正当化するために、他の人を証人として引っ張り出してくるかもしれない。いずれにせよ、非難しているあなたのほうが、「善良で優しい」相手を理由もなく攻撃している非常識な奴として、周囲から白い目で見られることにもなりかねないのである。

2　他人のせいにする

ゆがんだ攻撃の達人なので、万一自分の攻撃欲を見破られても、自分にとって都合の悪いことは巧妙に押し隠して、全てを他人のせいにしようとする。

なぜ、そんなことができるのか？　弱い人や迷っている人を操作するのが得意なので、それまでに自分が聞きたいような言葉を相手に言わせていることが多いからである。

たとえば、頼まれると断われない弱い立場の相手に、仕事や責任を押しつけるような場合が典型である。万一問題が起こって、抗議されても、「あなた自身がやると言ったはず。そう言って引き受けたあなた自身の責任」というふうに逃げるわけである。

3 非難に動じない

当然、非難されても動じず、逆に、非難している相手を責める。のれんに腕押しで、非難してもムダと、相手があきらめの境地に入るのをじっと待つわけである。

4 疲弊させる

あなたが何をやっても、何を言っても、効果がないのだと思い知らせるために、向こうは決して動じない。あなたが疲弊してあきらめるのを待っているからである。

この特徴を把握しておかないと、大変なことになる。向こうが見たくないものを眼前に示したり、向こうが聞きたくない言葉を口にしたりしても、あなたの努力は全て徒労に終わり、ぐったりと疲れ果てることになる。

何しろ、自己愛が強く、自分より価値のある人間や自分以上にちゃんと考えている人間の存在を認めようとしないのだから。

5　他人の価値を無視

攻撃欲の強い人は、自分以外の人間には何の価値もないと思っている場合が多く、それを相手に思い知らせるために何でもする。やる気をなくさせたり、へこませたりして、価値があるのは自分のほうだということを見せつけようとするわけである。

しかも、自分とは異なる意見を決して受け入れようとせず、そういうことを主張する相手に対しては、非常に敵対的になる。これは、自分の考え方こそが正しく、価値があると思い込んでいるからである。

それを変えさせようとしても、あなたの努力は全て個人的な攻撃と受け止められて、あなたを打ちのめそうとする情熱がますます燃えさかるだけである。

6　ズレ

さまざまなズレも向こうの有力な武器になる。言葉と真意とのズレにせよ、口で言っていることとやっていることとのズレにせよ、大きければ大きいほど、相手を混乱させせることになるからである。

たとえば、この章で紹介した、毎日夫から体型のことで責められているという女性は、「夫は、私のことを愛しているんと毎日言っているのに、いつも人前で私をバカにしたり、笑いものにしたりするんです。一体私はどうしたらいいのでしょうか」と訴えた。

また、別の女性は、ある女友達について「いつも、『あなたのためよ』と言います。でも、彼女が私に勧めていることが私のためになるとは、どうしても思えないんです」と語った。ちなみに、この女友達は、2度の離婚歴があるからか、周囲の女性に離婚を勧めているということである。

7　罪悪感をかき立てる

罪悪感をかき立てるのも、常套手段である。相手に「私のせいだ。私が何か悪いことをしたからにちがいない」という罪悪感を抱かせるよう巧妙に仕向ける。そうすれば、他人のせいにすることができるうえに、自分自身の攻撃欲を隠蔽することもできるのだから、一石二鳥である。

疑おうとしない被害者たち

攻撃欲の強い人がのさばる理由は、これら7つの武器を巧妙に使っているからというだけではない。周囲の人がなかなか反撃しない、いや反撃できないからでもある。なぜ、反撃できないのだろうか?

もちろん、自分がターゲットにされているという自覚がなければ、そもそも反撃など論外だが、薄々気づいていても、なかなか反撃できない場合も少なくない。たとえば、「上司には逆らえない」「やはり妻は夫に従うべき」「子供は親の言うことを聞くべき」「他人に不快感を与えるようなことをしてはいけない」というふうな考え方にとらわれていると、反論などとてもできない。こういう考え方は、社会では「善」として受け入れられているので、それが適切かどうか疑ってみることさえしないわけである。

また、中には、現在自分の身に起こっていることで苦しんでいるものの、それが結局は自分のためになると思い込んでいる人もいる。いや、むしろ、思い込まされていると言うべきだろう。

このような場合、本人もかなり混乱していて、

「あの人が私を壊しているのは、わかっています。でも、それが結局は私のためになるんです。もちろん、今はつらいし、苦しいです。けれども、そのうちもっと楽になると信じています。あの人は私に対して厳しいけど、それは私のためを思ってくれているからで、私を助けてくれているんです」

という具合である。わが子を虐待する親は、自分の攻撃的な行為を「しつけ」とか「子供のため」というふうに正当化することが多いが、こうした正当化を許容するような素地が被害者の側にあることも少なくない。

攻撃欲の強い人に、ターゲットにされている人が依存している場合もある。経済的に依存していることが最も多く、「子供もいることだし」「他の仕事を見つけるのは難しいので」といった理由で、反撃などできないと思ってしまう。

もっとも、これは、攻撃欲の強い人が、ときには脅しながら巧妙に恐怖をかき立てるせいでもある。「おれと別れて、おまえ一人でやっていけるわけがない」「ここを辞めたら、次の仕事を見つけるのは非常に難しい」「ママ友の中で仲間外れにされたら、子供もいじめられるわよね」といった類の脅し文句を聞かされると、麻痺したように身動き

がとれなくなるものである。

恐怖を与えるために、脅し文句だけでなく、恩着せがましい態度を示すこともある。「辞めるなんてできないはずだ。これまで、どれだけ世話になったと思っているんだ」「あなたが断わるはずないわよね。ずっと友達で、助け合ってきたんだから」という具合である。「世話」とか「友達」とかいうのが、実はこそこそと痛めつけるだけの関係だったとしても、こんなふうに恩に着せる言い方をする。

第三者にどう評価されるだろうとか、失望を与えることになるかもしれないという恐怖を利用する場合もある。「そんなことをしたら、世間がどう思うか考えてみろ」「○○さんをがっかりさせるようなことはしたくないわよね」というふうに言われると、他人からどう見られるかを気にしている人ほど、相手に操作される羽目に陥りやすい。

そのせいで、無力感にさいなまれる人もいる。自分がこんな目に遭うのは、過去の悪行の報いなのではないかと自分自身を責める人さえいるが、まさに向こうの思うつぼにはまっているわけである。

贈り物で心理的負担を与える

贈り物をすることによって、相手に恩義があるように感じさせ、心理的負担を与えるのも、攻撃欲の強い人がしばしば用いる手法である。

そもそも、これはマーケティングの常套手段である。デパートやスーパーの食品売り場では「新製品です。試食してみませんか」と勧められるし、路上でも「どうぞ。無料《ただ》です」と手渡される。

こういう手法が奏功するのは、われわれが贈り物を受け取ると、負い目を感じて、お返ししなければならないような気になるからである。「負債」があるという感覚は、心理的負担になるので、借りを何らかの形で埋め合わせなければと、どうしても思ってしまうわけである。

これは、「相互性」のしきたりが社会に浸透していることによる。この「相互性」ゆえに、金にせよ、物にせよ、サービスにせよ、何かを受け取ると、借りがあるように感じる。だからこそ、助けてもらったら、こんどは自分が助けてあげなければならないと思うことになるのである。

この心理に巧妙につけ込むのが、攻撃欲の強い人である。金や物、サービスや援助などを与えるのだが、その目的は、ただ一つ、もっと価値のある何かを引き出すことである。そのために、2段階の手順を踏む。まず、相手が拒否しないような何かを与える。次に、要求をほのめかす。

たとえば、20代の女性は、結婚1周年を記念して、ゴールデンウイークに夫と2人だけで登山に行く計画を立てた。ちょうど新緑がきれいな季節だし、何よりも山小屋に宿泊すれば、お金がそんなにかからないからである。

ところが、出発の1週間前に突然やってきた姑が、「プレゼント」と言って、北海道の高級温泉旅館の宿泊券と航空券を渡してくれた。この女性も夫も飛び上がって喜んだ。2人の給料では、とても手が出ないような高級旅館だったので。

もっとも、その直後に、ちょっぴり落胆することになった。姑が「私も一緒に行きますから」と言ったのである。断わるわけにもいかず、結局、この女性は気を使いっぱなしの連休を過ごしたようである。

この事例では、姑は、これだけのプレゼントを断わるはずがないと想定している。さらに、「負債」を帳消しにしたいという心理が働くだろうから、自分が旅行についていくことも拒否されないだろうという計算もしているのである。

知り合いの30代の女性は、夫と共働きなので、通勤に便利な都心部の賃貸マンションに住んでいた。ところが、夫の両親が、郊外にある夫の実家の隣に家を建ててくれた。資金を全部出して。

夫は一人息子ということもあって、断わりきれず、最近転居したのだが、通勤に長時間かかるうえに、姑が毎日のようにやってきて合い鍵で室内に入り、冷蔵庫の中に高級食材を置いていく。しかも、調理に手間も時間もかかるようなものばかりを。そのため、この女性は疲れきっているらしい。

こういう話を聞くたびに、「ただより高いものはない」という現実の恐ろしさを思い知らされるのである。

相手が従わないと脅しをかける

攻撃欲の強い人は、自分の要求に相手が従わなければ、良くない結果になるぞと、それとなくほのめかすことが多い。いわば、脅しをかけるわけである。

たとえば、会社で、上司が部下に厄介な仕事を押しつける際に、「君がやりたくないと言うのなら、かまわない。君のポストをねらっている奴も、君の代わりに仕事を引き受けてくれる奴もたくさんいるんだから」などと言う場合が典型だろう。ときには、権力を握っている上の人間の存在をちらつかせて、「役員の○○さんに頼まれた大事な仕事なんだ」みたいな言い方をするかもしれない。

それでも、部下が引き受けることを渋るようなら、「君のためを思って言っておくけど、それではすまないよ」とか「すごく高くつくことになるよ」といった脅し文句をつけ加える場合だってあるだろう。

このような脅しが功を奏するのは、人間でも動物でも、危険を警告するサインとして恐怖を感じるからである。誰でも、厄介なことや面倒なことをできるだけ避けたいし、危害が自分の身に及ばないようにしたいので、恐怖を感じると、当然回避行動をとることになる。つまり、脅されると恐怖を感じるので、危険を避けるため向こうの要求に従ったほうが無難と判断して、要求を受け入れることになりやすいのである。

そのへんの心理に巧妙につけ込むのが、攻撃欲の強い人である。脅し文句は、きわめて微妙な忠告から最後通牒のようなものまで多種多様だが、いずれにせよ、威嚇的な要素を内包している。

相手が嫌々ながらも自分の要求を受け入れれば、征服欲や支配欲が満たされる。そのうえ、自分の思い通りに操作することができれば、優位に立つこともできる。それゆえ、脅しは、攻撃欲の強い人の常套手段なのである。

都合がいいようにねじ曲げて解釈

攻撃欲の強い人は、世間で一般に「善」として受け入れられているようなことをよく引き合いに出す。

正直でなければならないとか、寛大でなければならないといった、それが適切かどうか、日頃は誰も疑ってみないような考え方を持ち出すことが多い。子供の頃からしつけや教育の中で教え込まれてきた支柱であり、おとなしく従順な人ほど、こういうことがきちんと守られなければ社会は成り立ちえないと信じ込んでいるからである。

そこにつけ込んで、自分に都合のいいようにねじ曲げて解釈するのが、攻撃欲の強い人である。もし、あなたが何かを頼まれて、断わったら、「友達が困っているのに助けないなんて、冷たい」といった言葉を吐いて、罪悪感を覚えさせるように仕向けるわけである。

たとえば、20代の会社員の女性は、職場を引っかき回す30代のお局様に閉口しているのだが、このお局様の口癖が「同じ職場で働いているのだから、思ったことは何でも率直に言うべき」だという。

たしかに、「率直に言う」のは悪いことではないが、それを口実にして、他人を傷つけるようなことや他人の心の中に土足でズカズカと踏み込むようなことを平気で言うお局様に、後輩の女性社員はみな手を焼いているらしい。そのくせ、誰かが自分に対する批判や自分とは異なる意見を少しでも口にすると、「先輩は尊重すべき」という「善」を持ち出して封じ込めようとするのである。

このように、攻撃欲の強い人は、そのときどきの状況に応じて、社会で一般に「善」とみなされていることを引き合いに出しながら、周囲を従わせようとする。「ていねいに頼まれたら、断わってはいけない」「誰かが困っていたら、助けなければならない」といった言葉であなたから援助を引き出そうとすることもあれば、「他人を信頼して任せなければいけない」「問題を解決するより逃げるほうが簡単」などの言葉であなたを暗に非難することもあるだろう。

いずれにせよ、こうした社会通念を攻撃欲の強い人は巧みに使い分けて、圧力をかける。時と場合によって、それらは必ずしも適切ではないことがあるにもかかわらず、普遍的な真理のように思い込んで、疑ってみることさえしない人が少なくないからである。

そこで、つけ込まれないようにするためには、まず、向こうの言うことがこの状況で本当に正しいのか、言う通りにすることが適切なのかどうか、疑念をさしはさんでみるべきだろう。たとえば、「恋人同士だったら、助け合うのが当たり前」という言葉であなたに金銭を繰り返し要求して、感謝もしないような「恋人」に対しては、その言葉の意味を問いただしてみるといいかもしれない。あるいは、「助け合うというのは、お金の面で？　ということは、金の切れ目が縁の切れ目になるの？」と尋ねてみるのも、一つの手である。一番のお勧めは、「え、それで？」「それが、どうしたの？」などと問い返すことである。そのうち、理不尽な要求は影を潜めるだろう。

自分では手を下さず攻撃する

攻撃とは、必ずしも攻撃する側が自ら動くとは限らない。自分ではあえて何もせず、相手に大きな打撃を与えることだって可能なのだ。「忘れる」「何もしない」「遅らせる」。こういった行為は、攻撃側が動かなくてもできる受動的攻撃である。具体的には、どんなケースを言うのか。

〈忘れる〉あなたは上司と打ち合わせの約束をした。しかし上司はその約束を忘れており、別の会議に出席する約束を後から入れてしまっていた。そのせいであなたの作業はストップしてしまい、遅れが生じることとなった。

〈何もしない〉部署内で退職者が相次ぎ、あなたは人事部長に要員の補充を訴えた。しかし会社が補充してくれる気配は一向にない。あなたの部署は、人員不足のまま業務を遂行していたため、メンバーが疲弊しきってしまった。

〈遅らせる〉出張経費の前払い申請を出しているのに経理部の処理が遅れている。出発に間に合わず自分で立て替えることになった。

こうしたことはよくあるので、これを受動的攻撃と呼んでいいものかどうか、判断しかねるところだろう。こんなことが1回あったくらいで騒ぎ立てていたら、被害妄想の強い人だと思われてしまうかもしれない。

実はこうした曖昧さこそが、受動的攻撃の最大の特徴でもある。偶然なのか、わざとやっていることなのか、攻撃される側からは見えにくい。陰湿な攻撃者にとっては、相手に悪意を気づかれず、かつ、相手を困らせることができるので、非常に有効な攻撃手段となる。仮に気づかれたとしても、確たる証拠がなければ相手は何も言えないし、騒いだところで攻撃される側がマイナスイメージを持たれることになる。攻撃者は素知らぬ顔で、ときには被害者のようなふりをしてあなたの前を通りすぎるだろう。

第3章

なぜ抵抗できなくなるのか

攻撃欲の強い人は、独特の嗅覚でターゲットになりやすい人をかぎつける。自己主張できない、あるいは自分をうまく守れないような人を巧妙に選んで操作しようとする。しかも、罪悪感や恐怖をかき立てたり、一般に「善」とみなされている社会通念を引き合いに出したりして、相手の抵抗をできるだけ封じ込めようとする。

そこでこの章では、被害者たちがなぜ抵抗できなくなっているのかを、攻撃欲の強い人とターゲットにされやすい人の両面から探っていくことにしたい。まずは、攻撃欲の強い人がなぜ、抵抗「させない」のかを見てみよう。

巧妙に罪悪感をかき立てる

前の章でも述べたように、攻撃欲の強い人は、相手の心の中に巧妙に罪悪感をかき立てる。罪悪感は、一般に、他の誰かに対して迷惑をかけたり、傷つけたりした、つまり何か悪いことをしたようなときに出現する。罪悪感があると、他人の苦悩や不幸の責任が自分にあるように感じるので、その償いをしようとすることになる。

このようなメカニズムを利用して、攻撃欲の強い人は、不快な感情、不幸、問題など、何にせよ自分では受け入れたくないものの責任を相手に押しつけようとする。もし、相手がその責任を感じて、状況を少しでも改善するために何かしようと思ってくれたら、しめたものである。やってほしいことをほのめかせば、相手は負い目があるので、断わりきれないだろうから。罪悪感をかき立てるという手法は、何らかのメリットを獲得するために用いられることが多い。

こういうやり方は、必ずしも攻撃欲の強い人の専売特許ではない。もしかしたら、あなただって、知らず知らずのうちにやっているかもしれない。たとえば、浮気がばれた夫が逆に妻を「おれが愛人を作ったのは、おまえのせいだ。おまえがベッドで満足させてくれなかったから。おまえの努力が足りなかった。だから、おまえが悪い」などと責めるような場合が典型だろう。妻に責任を転嫁して、罪悪感をかき立てることによって、自分の罪を軽減し、あわよくば浮気を大目に見てもらおうとしているわけである。

あるいは、友人に借金を申し込んだものの、断わられたので、「私が、どれだけ困っていて、つらい思いをしているか。それでも、あなたは助けてくれないのね。私は、これまであなたを随分助けてきたつもりだけど、私が困っているときは、あなたは何もしてくれないのね」というふうに言う場合もある。相手が罪悪感を覚えて気前よく貸してくれることを密かに期待しているのである。

もっと巧妙になると、決して相手を責めずに、罪悪感をかき立てようとする。たとえば、休日にゴルフに行こうとする夫を引きとめたい妻が、「私のことは気にしないで。あなたはゴルフに行って楽しんできたらいいの。私が苦しい思いをしているからといって、あなたが我慢する必要は全然ないのよ。たとえ、あなたが今日私とずっと一緒にいてくれたら、私がとてもうれしいとしてもね」みたいな言い方をする場合である。こんなふうに言われたら、ゴルフになんか行けなくなるだろう。「ゴルフはあきらめて。こんなに苦しい思いをしている私とずっと一緒にいて」というメッセージを送っているようなものなのだから。

罪悪感を押しつけてくる

攻撃欲の強い人が、罪悪感をかき立てることによって、断わりたくても断われない状況に相手を追い込んでいくのはよくあることである。

たとえば、大都市の病院で医療事務に携わっている30代の女性は、母方の祖母が最近食欲がなくなり、やせてきたため、郊外の病院に入院したという連絡を受けた。

電話してきた母親は、

「おばあちゃんが病気なの。検査を受けて、もしかしたら手術もしないといけないかもしれないの。何しろ80歳をすぎているのだから、いい医者が必要よね。あなただったら、情報を集められるでしょ。とにかく、おばあちゃんがいい治療を受けられるようにしてあげてちょうだい。私は、病院通いをしているから、おばあちゃんの病院には行けないの」

と、まくし立てた。

たしかに、母親は病院に通っているが、太りすぎによる腰痛や膝関節痛のためだったし、祖母にしても、だだっ広い家に一人で暮らしているよりも、病院で24時間、専門家に看てもらったほうがずっと安心だと思ったので、

「心配しないで。病院のほうが安心よ。ちゃんと世話をしてくれるから」

と答えた。

すると、母親は、

「心配しないといけないでしょ。あなたのおばあちゃんよ。私はここを動けないから、

病院には行けないの」

　と声を張り上げた。

　母親は、祖母の家の近くで一人暮らしをしているはずなのに、なぜ祖母が入院している病院に行けないのか、見当がつかなかったが、そんなことを尋ねるとよけいに大変なことになるので、

「私は仕事があるから、それをほったらかしにすることはできないの。おばあちゃんは、病院に入ったほうがむしろ安心だから、心配しないで」

　と繰り返した。

　それでも母親が、

「おばあちゃんのために何もしてあげないんだったら、あなたは一体誰のためにしてあげるの！」

　と怒鳴ったので、断わりきれず、その日、仕事を終えてから、祖母のお見舞いに行った。祖母は元気そうで、入院してからは少しずつ食べられるようになったのだが、なぜ娘（医療事務の女性の母親）が見舞いに来ないのかと心配していたという。

　この母親は、自分が親（医療事務の女性の祖母）の面倒をちゃんと見ていなかったか

ら、入院という事態になったのだというふうに後ろめたさを感じていたのだろう。そのことによる罪悪感を自分一人では抱えきれなかったからこそ、親不幸という「悪」、そして、それに対する罪悪感を外部に投げ捨てて、娘に転嫁しようとしたのではないか。そうすれば、そんないまわしいものが自分の内部にはないかのようにふるまえる、つまり「否認」できるからである。

このように、自分の内部にあることを認めたくない感情、衝動、欲望など、いわば「内なる悪」を外部に追い払って、他人に転嫁するのは、「投影」と呼ばれるメカニズムである。自分自身があたかも「無垢《イノセント》」であるかのようなふりをするために、しばしば用いられる。

自分の罪悪感を娘に「投影」して責めることによって、娘が責任を感じて、世話を引き受けてくれれば、自分は介護の負担から逃れられる。そのためだろうか、母親は、「あなたは病院に勤めているんだから、私なんかよりずっとよく知っているはず」と繰り返すという。この女性は医師でも看護師でもないし、現在の勤務先では派遣社員として働いているので、コネなど全然ないにもかかわらず。

母親に責められて罪悪感を背負わされた娘のほうは、ほとんど毎日、勤務後に祖母の病院へ行くようになった。一方、母親のほうは、リハビリと称してジム通いをしており、お見舞いには一週間に1度行く程度である。

自分が背負いきれない罪悪感を相手に「投影」すれば、厄介な感情から解放されるだけでなく、責任転嫁もできるので、まさに一石二鳥というわけである。

ターゲットは弱くておとなしい人

攻撃欲の強い人は、まず弱い人をターゲットにする。ただ、強いとか弱いとかいうのは相対的なものであり、対人関係やその場の状況に応じて移り変わる。たとえば、上司の前ではいつもペコペコしていてからっきし弱いのに、部下に対しては権威的で威張り散らすような中間管理職はどこにでもいる。

また、普段はそうでもないのに、一時的に弱さが露呈することもある。たとえば、病気や過労などのせいで身体が参ってしまっているとか、ストレスのせいで気分が落ち込んで何もする気がしないとかいう場合、どうしても弱気になりやすいが、このような一時的な弱さも、攻撃欲の強い人は見逃さず、忍び寄ってくるのである。

特に、おとなしい人ほどターゲットにされやすい。おとなしい人は、自己主張も自己防衛も苦手で、されるがままになっていることが多いからである。それどころか、利己主義者と思われたくなくて寛大な態度を示したり、自分が悪いことをしたわけでもないのに謝罪して償おうとしたりすることだってある。

何よりも、頼まれると断われない。冷たいと思われたらどうしよう、反感を買ったら困る、反社会的などと烙印を押されたらとんでもないことになる……というふうに不安や恐怖にさいなまれやすいので、断わるなんてことはできないのである。

これは、主として2つの理由による。まず、他人からどう見られるかを気にするからである。また、不和や葛藤をできるだけ避けたいという気持ちが強いためである。波風を立てるくらいだったら、断わらずに相手の要求に従っておこうということになるわけである。

一方、攻撃欲の強い人は、前の章でも述べたように、もめ事や不和を周囲に巻き起こす達人である。したがって、おとなしい人が、波風を立てないようにしようといくら努力しても、次から次へと問題が生じてくる。その結果、疲れ果て、エネルギーが枯渇していき、攻撃欲の強い人の思うままに操られる羽目になりやすい。

抵抗できない側の問題

もちろん、誰だって、断わり方くらい知っている。自分がその場を支配していて、ゆったりした気分でいられるような状況なら、恐れずに自己主張して、拒否の意思をはっきりと伝えられるはずである。たとえば、小さな子供相手、あるいは大人でも恐れる必要のない相手であれば、ノーと言うのは難しくないだろう。

また、決して受け入れられないような無理な要求に対して拒否の意を伝えるのも、かえって簡単である。たとえば、明らかな犯罪行為に手を貸してくれとか、多額の現金を融通してくれとかいう要求は、こちらがよほど弱みを握られていない限り、むしろ断わりやすい。断わるだけの正当な理由があるのだから。

問題は、このような両極端の間のグレーゾーンである。断わりたくても、断われないような状況は、いつでも、どこにでもある。たとえば、人事権を握っている上司からサービス残業をするよう暗に要求されたら、大学時代から仲のいい同期入社の同僚から尻ぬぐいを押しつけられたら、あるいは自宅の購入資金を援助してくれた姑から同居したいという希望を聞かされたら……こういう場合、はっきりと断われるかどうか、あなただって自信がないのではないか。

しかも、向こうが善良で優しそうな顔をしていて、「結局はあなたのため」という殺し文句で近寄ってきたら、どうだろうか。断われる自信のない方のほうがむしろ多いかもしれない。

もっとも、だからといって、唯々諾々《いいだくだく》と従ってしまえば、振り回されたり、支配されたりして、とんでもない目に遭うことになる。必要な場合には、拒否の意思を伝える勇気を持つことが必要である。きちんと断わるのは、わがままでも何でもなく、健全な自己主張の一環であり、生きていくために不可欠なことなのだから。

ただ、なかなか断われない人が少なくないのは事実であり、そういう人ほど、攻撃欲の強い人のターゲットにされやすい。なぜだろうか？

幼い頃から愛情を充分に受け、自主性を尊重してもらって、伸び伸びと育ってきたような人は、断わることもきちんとできる。当然、ターゲットになることも少ない。自分に自信があるからである。

逆に、子供の頃から、ほめられることがほとんどなく、けなされてばかりで育ってきたような人は、自信を持ちにくいので、断わったら嫌われるのではないかという不安にさいなまれやすい。そのため、なかなか断わることができず、ターゲットにされやすい。その結果、傷つけられ、痛めつけられて、ますます自信をなくすという悪循環に陥ってしまうのである。

こうした自信のなさは、権威への恐怖、罪悪感、愛情欲求という3つの形で表れる。それぞれを分析していくことにしよう。

強い相手を前に縮こまってしまう

権威への恐怖などというと大仰に聞こえるが、平たくいえば、自分より強い者を前にして縮こまってしまう感じである。怖いお父さんに叱られて、身動きがとれなくなっているような子供を思い浮かべていただきたい。

成長してからも、教師や上司、あるいは警察や検察などの権威を前にすると、畏縮してしまいやすい。こういう権威は、一昔前と比べると地位が低下したとはいえ、それでも、しつけや教育の中で尊敬すべき対象と教え込まれてきたはずである。何よりも、逆らったりすると厄介なことになるので、従順なふりをしておくほうが身のためだと大半の人が思っているだろう。

特に、幼い頃から、どんなに頑張ってもほめてもらえず、何をやっても叱られてばかりいたような人は、口答えなどしたら大変なことになるのが骨身に沁《し》みているので、自己主張することができない。断わるなんてとんでもないというわけである。

権威への恐怖は、わがままと思われるのではないか、恩知らずとののしられるのではないか、意地悪と言いふらされるのではないかといった恐怖の形でも表れる。子供の頃から自分の価値を認めてもらえないと、他人からどう見られるかを人一倍気にするようになるからである。

さらに、不和や葛藤への恐怖という形でも表れる。叱られたり、けなされたりしてばかりいたせいで、そういう不快な経験をしなくてすむように、できるだけ波風を立てたくないという気持ちが強くなるわけである。

このようなメカニズムを当の本人は意識していない場合が多いので、まず気づくことが必要だ。そのうえで、自分自身について一番多くの情報を持っているのは誰か？　私が自分のことを知っている以上に、誰が私のことを知りうるだろうか？　私自身のことについて判断するのに、誰が私より恵まれた立場にいるだろうか？　などと、自分に問いかけてみるといいかもしれない。

自分のことは、案外わからないものだという説もあるが、自分がどうするかを決めるのは結局あなた自身であり、他の誰かがその責任をとってくれるわけではない。そう考えれば、他の誰かの要求に条件反射的に従うのは得策ではないとわかるはずである。

もちろん、他人に意見や助言を求めることが必要な場合もあるが、それを取り入れるかどうか判断するのも、それにもとづいて行動するかどうか決断するのも、あなた自身である。このことを忘れずに、断わることも選択肢の一つに入れておくべきだろう。

自信がない人ほど自分のせいだと思い込む

先に述べたように、攻撃欲の強い人は、相手の心の中に巧妙に罪悪感をかき立てる。

一方、自信のない人ほど、自分が本当に悪いことをしたわけではないのに、何かうまくいかないことがあると「自分のせいではないか」と罪悪感を覚えやすい。そのため、双方が共鳴し合って、罪悪感が何倍にも増幅されることになりやすい。

この罪悪感は、さまざまな影響を及ぼすが、何よりも深刻なのは、自己主張を妨げ、自己懲罰を引き起こすことである。その結果、能力を充分に発揮できなくなることさえある。自分の能力を悪い方向に使って、また誰かを傷つけたり、大切なものを壊したりするようなことになったら困るという心理メカニズムが働くせいで、知らず知らずのうちに自らを抑圧するからである。

当然、何をやってもうまくいかなくなるが、これは、攻撃欲の強い人にとっては思うつぼである。そっと忍び寄り、罪悪感を一層刺激しながら、劣等感をチクチクとつついて、支配しようとする。

もっとも、罪悪感は、誰でも抱く感情である。われわれは、子供の頃から、親や教師にやってはいけないことを教えられてきており、その教えに反するようなことをすると、罰を受けたり、高い代価を払ったりしなければならないことを、苦い経験を通して知っているのだから。

また、罪悪感は、至極まっとうな感情でもある。殺人のような凶悪犯罪を繰り返しても、反省も後悔もせず、同情も憐憫《れんびん》の情も抱かないのは、連続殺人犯のような「情性欠如者」であり、むしろ、まともな人は多かれ少なかれ罪悪感を覚えるものである。

問題は、攻撃欲の強い人によって巧妙にかき立てられる罪悪感にさいなまれるあまり、埋め合わせをしなければならないという思いにとらわれて、支配されてしまうことである。場合によっては、そのために、自発的な選択や行動ができなくなることさえある。

もし、あなたに心当たりがあるなら、誰かに植えつけられた罪悪感がいかにあなたの自信をむしばみ、あなたの成功を妨げているか、そして、いかにあなたの抵抗を封じ込めているか、振り返ってみるべきだろう。

愛情欲求と拒否される恐怖

愛情欲求は、拒否されることへの恐怖と対になっていることが多い。もし、あなたが、いつも自分自身に次のように問いかけているとすれば、愛情欲求と拒否への恐怖によってがんじがらめになっている可能性が高い。

「私の仕事はうまくいっていると認めてもらっているだろうか？」
「あの人は、私が言ったことをどんなふうに評価しただろうか？」

「あの人は、私がしていることの価値を認めてくれているだろうか？」

「あの人は、私のことをどう思っているだろうか？」

もちろん、われわれの言動について他者の意見を聞くことは生きていくうえで必要である。組織の中で仕事をしていくためには不可欠とさえ言える。他者のまなざしに自分の姿がどのように映っているのかを知ることによってはじめて、自分が他者の期待に応えられているかどうかがわかるのだから、他者の評価を完全に無視するわけにはいかない。

しかし、中には、他人からどう見られているかを気にするあまり、他人の意見が唯一の判断基準になっているような人さえいる。他人の評価に耳を傾けすぎると、それに合わせようとするため、振り回されやすくなり、次のような悪循環に陥ることになる。
1　他の人が私についてどう言っているかを気にすればするほど、自分自身の判断に自信を持てなくなる
2　自分自身の判断に自信がなくなればなくなるほど、自分自身の価値について不安になるので、他人から愛されたいとか、認められたいという欲求が強くなる
3　他の人に愛されたい、認められたいという欲求が強くなればなるほど、気に入ら

れるようにしようとするので、他人の評価をますます気にするようになる。その結果、他人の評価に依存してしまう事態になることさえある

このような悪循環にはまると、他人のこしらえたイメージ通りの人間になろうとして、操り人形のようになってしまうこともある。親や教師の言いつけを素直に聞く「良い子」がその典型であり、他人の要求に対して抵抗することなどできない。拒否するなんて、とんでもないという人も少なくない。

これは、愛されたいという渇望を満たし、拒否されるのではないかという恐怖をやわらげたいと思うがゆえに、自分自身の良いイメージを周囲に与えるためなら何でもしようとするからである。できる限り周囲の期待に添うよう行動して、気に入られようとするし、波風を立てることを極力避けようとする。

周囲からの期待にできるだけ応えようとするので、常に誰かの役に立とうとするし、誰かの犠牲になることさえいとわない。いわゆる「良い人」なのだが、こういうタイプこそ、攻撃欲の強い人にとっては格好のターゲットになる。支配するのも、操作するのも、とても簡単だからである。

もし、あなたがこのタイプだとしたら、自分自身に次のように問いかけてみるといい

だろう。

誰かに対して、反論できないとか、抵抗できないとかいうようなことはなかったか？　そのときあなたの心の中にあったのは、どのタイプの恐怖だったか？　権威への恐怖か、罪悪感に由来する誰かを傷つけてしまうかもしれないという恐怖か、それとも、愛情を失う恐怖、あるいは拒否されることへの恐怖か？

そのうえで、あなたが感じた恐怖に裏づけがあるのかどうか、検証してみるべきである。もちろん、恐怖の対象を明確にとらえるのは簡単ではなく、むしろ薄ぼんやりとしていることのほうが多いだろう。

ただ、あなたが恐れているのが実は何かの影にすぎないことに気づく必要がある。攻撃欲の強い人が何らかの権威をちらつかせていることもあれば、罪悪感をかき立てていることもあるだろう。あるいは、要求に従わなければ、愛情を失うことになるだろうと脅している場合だってあるかもしれない。

こういう可能性を見きわめながら、恐怖に対処しなければならない。先に述べたように、恐怖があると条件反射的に回避行動へ走りやすく、そのため、攻撃欲の強い人の思うつぼにはまってしまうからである。

見きわめる際、できるだけ多くの人の意見に耳を傾けることも大切である。攻撃欲の強い人がターゲットを抵抗できない状況に追い込んでいくのは、家庭、教室、職場などといった閉じた空間であることが多い。こうした狭い空間では、部外者の声を聞く機会があまりなく、外部の目も届きにくいので、攻撃欲の強い人の意向が通りやすいが、第三者の目にはとんでもないことに映る場合も少なくないのである。

ターゲットにされやすい人が抵抗できないのは、もちろん攻撃欲の強い人の巧妙さのせいであることが多いが、それだけでなく、両者の相互作用によるところもある。このことを忘れず、常に振り返り、見きわめるようにしていれば、こうむる実害を最小限に抑えられるはずである。

第4章

どうしてこんなことをするのか

これまで、攻撃欲の強い人がどんなふうにターゲットを壊すかについて述べてきたが、それでは、一体なぜこんなことをするのだろうか？

この章では、しばしば用いられるやり方を取り上げ、このような手法によって攻撃欲を満たそうとするのはなぜなのかを分析していくことにしたい。

他人を無価値化して、自分の価値を保つ

からかいやあざけり、毒を含んだユーモアや皮肉によって笑いものにしたり、陰で誹謗、中傷したりする。もっと露骨になると、面と向かって軽蔑や侮辱の言葉を吐いたり、何でもけなしたりする。あるいは、話を聞かないとか、関心のないふうを装うといったやり方で相手の存在を一切無視することによって、存在価値を決して認めようとしない場合もある。

無価値化は、見破るのが最も簡単である。これは、それまでは何事もなかった関係に、突然顔をのぞかせる。まるで、青空に雲の影が急にさすように。予期せぬとげのある言葉を聞いて、あなたは「たしかに聞いた。私が役立たずのような言い方をして。

何、このとげのある言い方は？　すごく気分が悪い」というふうに感じるはずである。

それでも、大多数の人は、聞かなかったことにしようとする。とても不愉快で心をかき乱される言葉ではあるにせよ、誰だって波風なんか立てたくないからである。必死で打ち消して、それまで通りのつき合いを続けようとする。

だが、やがて、2度目の突風を受ける。こんどは、あざけりや皮肉かもしれない。そうなると、黙っていられなくて、「何が言いたいの？」と尋ねるかもしれないが、向こうは「別に、何も。何のことを言っているの？」ととぼけるはずである。そのたびに元の静けさが戻るが、このようなやりとりが続いていくうちに、あなたは、自分には価値がないように感じて、自信を失うことになるだろう。

相手の価値を否定するために用いられる方法は多種多様だが、次のようなやり方が代表的である。

まず、冷たい態度をとるのが、一番簡単である。「あなたに対しては、何かを言う価値も、何かをする価値もない」ということを見せつけるためである。極端な場合には、口をきかず、沈黙を貫く。無視するための緘黙というわけである。

答えないのも、しばしば使われる手である。これは、相手に対して、「あなたに関心なんかない。あなたに答えるために費やす時間もエネルギーも、もったいない」と伝えているようなものである。

話に耳を傾けようとせず、さげすむようなまなざしを向けて、相手の要求も欲求も一切考慮しないという態度を示すこともある。極端な場合には、目を合わせないとか、目の前を通り過ぎる際にも顔をそむけるとかして、その存在を無視しようとする。

目の前の相手が属しているジャンルの人を批判したり、非難したりするのも、よく用いられる手法である。たとえば、「スポーツをしない人は……」とか「キャリアウーマンは……」というふうに一般化して悪口を言うことによって毒を薄めてはいるものの、言われている側は、すぐに気づく。

こういう場合、「一体何が言いたいの?」と問い詰めても、向こうは「あなたのことを言っているんじゃありません」と答えて、すっと逃げるだろう。逆に、「気にしすぎて、何でも被害妄想的に受け止めているんじゃないの」などと責められるかもしれない。

このような態度を目の当たりにすると、こちらが何か悪いことをしたわけでもないのに、言い訳したり、弁明したりしなければならないのではないかと思ってしまいがちである。これ以上厄介な事態を招くのを避けたい一心で、謝罪することを考える場合さえあるだろう。だが、このような対応は、事態をさらに悪化させるだけのことが多い。その結果、罪悪感や無価値感を覚えて、落ち込み、自信も自尊心も失っていくことになるのである。

そうなれば、攻撃欲の強い人の思うつぼというわけだが、一体なぜこんなことをするのだろうか?

まず、無価値化によって、世界を、善＝価値のある存在と、悪＝価値のない存在の、2つに分けることができるからである。もちろん、この分割によって、攻撃欲の強い人は、善の側に立つことができるわけである。

しかも、他人の価値を低下させれば、自分とは異なる考え方や見方を排除することができるので、自分のライフスタイルに疑問を感じなくてすむ。結局、価値があるのは自分自身のライフスタイルだけだというふうに思い込んで、そこに安住していられるわけである。

おまけに、他人の意見や批評の価値を一切認めなければ、その影響を受けずにすむというメリットもある。それゆえ、自分の能力に不安を抱いていて、自信のない人ほど、他人を無価値化して、自分自身の価値を保とうとするのである。

自分とは異なる価値観を受け入れられない

自分自身の考え方や価値観を唯一最良の基準として他人に押しつけたり、自分の知識や教養をひけらかしてそれを身につけるのが当然という態度で接したりするのも、攻撃欲の強い人がしばしば用いる手法である。

こういう人は、他人のものの見方など一切考慮せず、「説得のための説得」のような印象を与える。権威に頼ったり、脅したり、怒ったりしながら、自分の価値観を何としても相手に認めさせようとするわけである。

相手がなかなか受け入れないと、そのせいで傷ついた、不幸になったというふうに被害者のふりをしてでも、自分の価値観を押しつけようとする。これは、自分の好みや意見、ものの見方や考え方などが普遍的で、誰にでも適用しうると確信しており、それを相手も共有するのが当然と思い込んでいるからである。

たとえば、「納豆なんて、人間の食べるものじゃない」という言い方をする人がいる。「私は納豆が嫌いだ」と言う代わりに、一般化するのである。あるいは、「休みの日は、何もせずに過ごすのが一番賢い」と言う人もいる。こんなふうに一般化して言われると、毎週日曜日に早起きしてゴルフに出かけているおっちゃんや、ママさんバレーの練習に休まず参加しているおばちゃんは、「バカ」と見下されているような気になるのではないか。

そんなことで目くじらを立てるなんてと思われるかもしれない。たしかに、納豆にせよ、休日の過ごし方にせよ、個人の嗜好の問題にすぎず、大した影響も実害もない。だが、こんなふうに自分の独断と偏見を押しつける傾向は、他の領域にも波及しやすい。子供のしつけや教育、生き方や趣味、果ては社会規範や社会正義に至るまで、「自分の信念が最良で正しい」と主張して、他人の価値観を侵害するようなことになりがちである。

こういう人は、異論があるかもしれないなどということは想像もつかないようである。自分が好きなものを嫌いな人がいることも、理解できない。まして、自分が嫌いなものを好きな人がこの世に存在するなんて、論外というわけである。

もちろん、頭ではわかっている。だが、心の奥では受け入れられない。しかも、自分とは異なる選択をする人を前にすると混乱するので、それを避けるためにも、自分の好みや意見を押しつけることになる。

相手が自分の提案に同意してくれないと、自分が被害者のように装って相手を非難し、ごり押しするようなこともある。

たとえば、女は男に従うべきという信念の持ち主である夫が、「こんどの土曜日に、沢尻エリカの主演映画を一緒に見に行こう」と妻を誘ったところ、妻は、「うーん。私は、あの人、あまり好きじゃないし、興味もないから」とやんわり断わった。すると、夫は、「おまえは、おれが何を言っても、反対する。そのたびに、おれはイライラする」と怒鳴りだした。

妻が、「そんなことないわ。私は、あなたにできるだけ合わせるようにしているわよ。ただ、沢尻エリカの映画は私の好みじゃないと言っているだけよ。私だって、あなたと一緒に映画に行きたいわ。できれば、二人とも楽しめるような映画にしてほしいの。怒らないで」となだめようとしたが、かえって火に油を注ぐことになってしまった。

夫は「おれの好みが悪いと言いたいのか！」と激高し、「おれは、怒ってなんかない。けんかを売っているのは、そっちじゃないか。おれは、おまえのためを思って、映画に誘ってやっているのに、おまえは文句ばかり言って。おれが機嫌良くしているときに限って、全部おじゃんにする。もう、うんざりだ」と叫んで、飛び出していってしまったということである。

この夫は、もともと口論の種をまいたのは自分自身なのに、その責任が全部妻にあるかのような言い方で妻を責めることによって、あたかも自分のほうが被害者であるかのようにふるまっている。自分が常に正しいと信じ込んでいるようなので、それを修正するなんて、できない相談なのだろう。

百歩譲って、妻が好むような別の映画を一緒に見に行くことを渋々受け入れたとしても、映画館を出た途端、ため息をつきながら、さんざん批判するのではないか。おまけに、そのために自分がどれほど「犠牲」を払ったか繰り返し強調して、妻が好みを「押しつけた」ことを責める可能性が高い。

このように、攻撃欲の強い人は、価値があるのは自分の意見だけで、相手は抵抗せずに賛同すべきだという信念に突き動かされていることが多い。そのため、この妻もそうなのだが、周囲の人間は、よけいな波風を立てることを極力避けようとして、結局、何も言えなくなってしまう。苦い経験を通して、反対などしたら高くつくことを思い知らされているからである。

こうして、徐々に従順になっていくのだが、これは、要求を受け入れたからではない。あきらめて忍従するしかないという悲しい選択にすぎない。

当然、無力感にさいなまれる。やがて、自分で考えるのが怖くなり、自分自身の選択が妥当なのかどうか、疑問さえ抱くようになる。すると、どうしても、自分の好みや意見を放棄して、他人が自分に何を望んでいるのかということばかり気にすることになる。つまり、「他者の欲望」を満たすようにふるまおうとして、操り人形のようになってしまう。これは、攻撃欲の強い人にとっては、まさに思うつぼである。

だからこそ、攻撃欲の強い人は押しつけを繰り返すわけだが、これは、自分とは違う考え方によって動揺するのに耐えられないということにもよる。他人の考え方を尊重しようとすれば、自分自身の決断を変更しなければならないかもしれない。場合によっては、自分の落ち度、誤り、過失などを認めざるをえないかもしれない。そういう居心地の悪い事態を避けるために、他人の考え方を一切考慮しないようにして防衛する。「精神の狭量が頑固を生む」とラ・ロシュフコーは言っているが、これは、こういう人にうってつけの言葉である。

自己愛の塊ゆえの行動

もともと、他人の考え方も、選択や行動の自由も認めていないような場合もある。他人には、自分と同等の価値を見出せないからである。いわば、自分が一番大事で、自分が誰よりも優れており、自分が常に正しいと信じ込んでいるような「自己愛の塊」である。こういう人には何を言ってもムダだと周囲が身をもって知ると、誰も反論や説得をしなくなる。そうなれば、攻撃欲のある当の本人にとっては居心地の良い状態が続くことになる。

攻撃欲からは少し話がそれるが、ネット上で騒ぎになった「バカッター騒動」も、まさにこの自己愛ゆえの行動である。バカッター騒動とは、飲食店のアルバイト従業員らが店の冷蔵庫に入るなどし、その写真を自らネット上に投稿、それを問題視したネットユーザーらによって一気に拡散した騒動のことである。

言ってみれば目立ちたがりやの悪ふざけなのだが、結果的に店が営業停止に追い込まれる深刻な事態を招いたうえ、店員自らもネット上に個人情報が拡散されるという大きな傷を負ってしまった。「最初からそんなことしなければいいのに」と思うところだが、彼らはそういう逸脱行動に走るまで、ここまでの大事になるとは想像もしていないし、自分では面白いと思ってやっている。

目立ちたい。人から注目されたい。そんな彼らの奥深くにあるのは、自己顕示欲と承認欲求、つまり自分が認められたいという欲求であり、まさしく自己愛である。自己愛について、毒舌家のラ・ロシュフコーの言葉をここで再び引用しよう。

「ちょうど、われわれの目に似ている。何でも見えるが、自分自身だけは見えないのだ」。自分自身が見えないのは、自己愛が「あらゆるおべっか使いのうち、最もしたたか者だ」からである。

自己愛を満たすことしか考えていない人間の悪ふざけは、周りの人間からすれば、ちっとも面白くないし、後で問題になったらどうするの、と心配もしてしまうところだろう。しかし他人の意見に耳を貸さない人間だということもわかっているので、誰も止めようとしない。暴走しやすい環境を自ら作り出しているわけだ。

誰かを攻撃せずにはいられない人も同様に、自分自身が見えていない。自分のやっていることは常に正しいと思い込んでいるので、誰の助言も聞き入れない。自分が痛い目に遭わない限り、攻撃を繰り返すのである。

傲慢さと傷つきやすさがそうさせる

静かに暮らしたいという他人の欲求に無頓着で、他人の領域に土足で入り込むようなことも、攻撃欲の強い人はすることがある。

部屋にズカズカと上がり込んだり、洋服ダンスや机の引き出しを勝手に開けたりするような生活空間の侵害にとどまらず、考え方や生き方、好みや対人関係、さらには人生における重要な選択や決断といった精神的な領域にまで口出しするようになる。このように他人の領域を侵害するのは、独立した一個の人格として尊重することも、誰にだって立ち入ってほしくない領域があるのを認めることもしないからである。

もっとも、攻撃欲の強い人は、ターゲットの領域を尊重しないくせに、逆に自分の領域が侵害されるのには耐えられない。もし、自分の領域に少しでも入り込まれるようなことがあれば、激怒して、相手を激しく非難するだろう。同じことを自分ではやっていても、決して許さず、非常に攻撃的になるはずである。

これは、自分は重要人物で、そのへんの奴とは違うと思い込んでいる傲慢さのせいだが、同時に、自己愛が傷つきやすいことにもよる。この自己愛の傷つきやすさを、自分ほど偉い者はいないという傲岸不遜な態度で覆い隠そうとしていることが多く、できるだけそこから目をそむけようとしているようだが、ふと顔をのぞかせることがある。

こういう人は、ターゲットを、自分自身の延長もしくは道具、人間以下とみなしがちである。実際、家庭では子供、職場では下っ端の領域を侵害することが多い。このような、自分より「下位」の人間は、尊重してもらえなかったとか、侵害されたというふうには感じないはずだと思い込んでいるのかもしれない。

しかも、自分のやっていることが迷惑をかけるのではないかという想像すらできない。「相手のため」と正当化する達人だからである。第一、侵害されたくない「秘密の花園」のような領域が誰にもあるということがわからない。中には、理解しようともしない人がいて、罪悪感を全く覚えずに、無理に割り込むようなことをする。

たとえば、拒食症で通院中の20代の女性は、次のように語った。

「私は、幼い頃いつも母好みの格好をさせられていました。髪を長く伸ばした、女の子らしい格好です。次の日着る服も全て母が準備していました。私には選択の自由は一切なく、まるで着せ替え人形みたいでした。

服を買いに行っても、私は何も言えませんでした。どの服を買うかは、全て母が決めていました。少しでも不平をもらすと、母がむっとするので、私は何も言えなかったのです。

母は、母の選んだ服が嫌いということは、母が嫌いということと同じだと思うようでした。そんなこと、全然ないのに！　私は母を好きでしたし、母に愛されたかった。ただ、自分の服は自分で選びたかっただけなのです。でも、母は一緒くたにしていました。

母の実家に行くときには、母は私に花柄のワンピースを着せました。ちょっと古くさい感じで、私は嫌でしたが、何も言えませんでした。私は、Tシャツにジーパンみたいな格好のほうが好きなのですが、そんな格好で祖父母のところに行くことを母は決して許しませんでした。

大人になってから気づいたのですが、母は、実家の母、私の祖母から批判されることを恐れていたようです。祖母は、女の子は女の子らしくという古風な人だったので。母は、祖母の前で嫌な思いをしたくなかったからこそ、時代遅れの服を着せて、私に嫌な思いをさせたのです。花柄のワンピースなんて古くさい服、私は大嫌いだったのに。母は、祖母に何か言われて自分が困るのが嫌だったからこそ、私を困らせるようなことをしたのです」

この女性が見ぬいているように、攻撃欲の強い人が他人の領域に無遠慮に入り込むのは、自分自身が混乱したり、当惑したりすることを避けたいためであることが多い。不安や葛藤を少しでも感じると、どうすればいいのか、わからなくなる、つまりストレス耐性が低いからこそ、このような厄介な情動を避けるために、自分より「弱い」人間の領域に侵入するわけである。こうしたストレス耐性の低さは、しばしば先に指摘した自己愛の傷つきやすさに由来する。

「弱い」相手は、自分自身の分身もしくは延長にすぎないと思っている場合もあれば、自分と同じだけの価値はないと思っている場合もあるようだが、いずれにせよ、その相手にも侵入されたくない領域があることに気づいていない。当然、尊重など論外であり、ズカズカと土足で入り込むのである。

羨望に突き動かされて

ターゲットを孤立させるのも、攻撃欲の強い人の常套手段である。従事している仕事や活動をけなしたり、せっかく築いた人間関係にけちをつけたりして、徐々に他の人とのつながりを断ち切るように仕向けていく。そのために脅すこともあれば、いさかいの種をまくこともあるが、いずれにせよ、周囲との関係に亀裂を入れようとする。

これは、ターゲットが他の人との交流によって考え方を変えたり、支えてもらったりするようになるのを防ぐためである。そんなことになれば、影響力を行使しにくくなるので、シャットアウトするわけである。

というのも、攻撃欲の強い人は、自分がその場を支配できないとか、影響力を行使できないという状況に直面すると、強い不安にさいなまれるからである。そこで、そういう事態を極力避けるために、自分の思い通りに操作できるよう策を弄《ろう》することになる。

ターゲットの家族、友人、同僚、さらには仕事や趣味にまでけちをつける。ターゲットが好意的な判断を下しているものでも、批判したり、けなしたりして、締め出そうとする。「あんな親だと、うまくいかないのは全て親のせいにできるよね」「なぜ、あなたがあんなことに貴重な時間を使うのか、わからない」といった言い方で、ターゲットが周囲の人々に対して疑惑や不信感を抱くように仕向けるのである。

このように孤立させようとするのは、自分のあずかり知らぬところで、ターゲットが能力を発揮したり楽しみを見出したりすることに耐えられないからでもある。第1章でも指摘したように、攻撃欲の強い人は、他人の幸福が我慢できない怒り、つまり羨望に突き動かされていることが非常に多い。しかも、ラ・ロシュフコーが言っているように、「ねたみは、憎しみよりも、やわらぎにくい」。

いさかいの種をまくのも、この羨望ゆえである。自分以外の人が仲良くすることに耐えられないので、ちょっとした悪口や中傷をあちこちで振りまいて、あとは成り行きに任せておく。その結果、周囲がお互いに孤立して、仲たがいするようになれば、「分裂させて支配する」という権力者の金言を見事に実行したことになる。

こういう人が集団の中に一人でもいると、みんなイライラして、小さな派閥に分かれるようになる。その結果、何となく不安な雰囲気が漂い、他の派閥の悪口を言ったり、一杯食わせたりすることで鬱憤を晴らすしかなくなる。その一方で、このような仲たがいの種をまき、混乱の原因を作った張本人は、素知らぬ顔で眺めながら、ほくそ笑んでいることも少なくないのである。

この程度であれば、ストレスにはなるものの、派閥争いにはできるだけ関わらないように淡々としていれば、何とか切り抜けられるかもしれない。だが、最近は、社員を孤立させることによって退職に追い込もうとする企業が増えているので、要注意である。

たとえば、気分が落ち込んで朝起きられず、出勤できなくなったと訴えて受診した30代の会社員の男性は、次のように語った。

「少しずつ、同僚が私に話しかけなくなったことに気づきました。何が起こっているのか、わかりませんでした。みんなで仲良く話しているのに、私が近づくと、急に静かになるようなこともありました。なぜなのかは、わかりませんでした。

みんなに変な目で見られているように感じたこともあります。まるで、私が何か悪いことでもしたかのように。その理由も、わかりませんでした。こうして、同僚が私から離れていきました。以前はとても親しくしていた同僚も。どうしてなのか知りたくて、尋ねたこともありますが、『そんなことない』と、曖昧に言葉を濁すだけでした。

ある日、重要な会議があり、私の部署はみんな出席しなければならないはずなのに、私だけ呼ばれませんでした。新しいＩＴ機器が導入されるということで、研修会が開かれたときも、私には通知がなく、私の部署では私以外全員参加したようです。

さすがに不安になり、直属の上司に直談判しました。すると上司は、冷たい視線を向けて、『その研修に君は参加しなくていい。その研修を受けることが必要な仕事を、君にやってもらうつもりはないから』と言ったのです。

その瞬間、足下がふらついて、倒れそうになりました。いらない人間だと言われたようなものですから」

次の日から、この男性は出社できなくなり、しばらく欠勤した後で受診したのだが、結局、数ヶ月間休職した後に、子会社に出向することになった。後からわかったのだが、この男性が、大学が同じだったこともあって、前任の上司を慕っていたと耳にしたこの上司が、「あいつは、おれの下では使えないな」とつぶやいたことが発端らしい。自分が影響力を充分に行使できず、支配できない可能性のある相手を孤立させることによって、排除しようとしたわけである。

最近、一流企業にも追い出し部屋があるという話を聞くが、こういうところに閉じ込めて、他の社員との交流を断ち切り、会議にも出席させないようにするのは、孤立化の典型例である。退職に追い込みたい社員を孤立させることは、他の社員に対する見せしめにもなるので、会社にとっては一石二鳥というわけである。

話し合いを拒否してあきらめさせる

攻撃欲の強い人の「たくらみ」にあなたが気づいて、話し合おうとしても、向こうはうまく逃げるだろう。答えないかもしれないし、聞こえないふりをするかもしれない。あるいは、曖昧に言葉を濁すかもしれないし、その場を立ち去るかもしれない。

表向きは、一応話し合っているように装いながら、話をわきにそらすかもしれないし、逆にあなたをとがめるかもしれない。場合によっては、感情を害したとか、憤慨したとかいう理由で、話し合いを早めに切り上げようとするかもしれない。要するに、あなたをじらして疲れさせることによって、あきらめの境地に至らせようとするわけである。

誰かとの間に何かうまくいかないことがある場合、一般的に2つの選択肢が考えられる。まず、話し合い、できるだけ理解し合えるようにして、お互いが満足できる解決策なり、妥協点なりを見出すようにする方法である。もう1つは、どちらかがあきらめ、できるだけ早く忘れるようにして、あまり考えないようにする方法である。

攻撃欲の強い人が相手だと、最初の選択肢はほとんどありえないと思ったほうがいいだろう。話し合いなんて、自分にとっては百害あって一利なしと考えていることが多く、できるだけ避けようとするからである。

もちろん、話し合いを要求すれば、応じてくれるかもしれない。だが、ほんの形だけのことであり、結局のところ、何も変わらない。ときには、自分の言いたいことだけを一方的にしゃべりまくったり、けんか腰で掛け合ったりして、2番目の選択肢＝あきらめを強要しようとすることだってあるだろう。

これは、攻撃欲の強い人の多くが、自分のやり方や考え方について尋ねられたり、問題にされたりすることに耐えられないからである。話し合いというのは、単なるおしゃべりでも、社交辞令の応酬でもないので、目の前の問題にまじめに取り組もうとすればするほど、意見の不一致や不調和が出てくるものである。また、困難を取り除いて解決しようとすれば、相手の言い分をきちんと聞いたうえで説得しなければならない。真っ向から対立するつもりでなくても、意見の相違はあって当然なのだが、そういうのには我慢がならない。

中には、他人の意見を聞いて、自分の考え方をきちんと説明するなんて、身を危うくするだけだと思い込んでいるような人もいる。譲歩しなければならないかもしれないし、自分の間違いを認めなければならないかもしれないからである。そんな沽券に関わることは嫌だと、いわばわが身を守るために話し合いを拒否するわけである。

こういうやり方には、望まない論争を避けられるというメリットがある一方、少なくとも2つのデメリットがある。まず、問題の解決を先送りにしているだけなので、とげが刺さったままである。また、必ず相手に苦い思いをさせるので、人間関係が悪くなる。場合によっては、「目には目を。歯には歯を」で同じような仕返しをされることだってあるかもしれない。

そうなれば、お互いに話し合いを拒否するようになり、拒否の応酬を一体どちらが始めたのか、そもそも、きっかけは何だったのか、わからなくなるだろう。やがて、どちらも、相手を支配するためだけに、勝つためだけに冷戦を続けるようなことにもなりかねない。

それでも、攻撃欲の強い人は、あくまでも話し合いを拒否しようとすることが多い。よく用いられるのは次のような手法である。

「時間がない」とか、「今は都合が悪い」とかいう理由をつけて拒否する。

自分の言いたいことだけ早口でさっと言って、席を立ち、相手に何も言わせないようにする。

ちょっとしたことが気に障ったと相手を責め、それを口実にして「こんなことでは、話し合いに応じられない」と伝える。

質問に答えず、うんざりしたそぶりを見せる。相手が話している間中、他のことに気を取られている様子で、腕時計や携帯電話の画面に目をやる。ときには、ため息をつくこともある。

相手が話しているのに、自分の見方や考え方、あるいは解決策を持ち出して、話をさえぎる。相手より大きな声で話して、その場を支配しようとする。

話題を急に変えたり、脱線させたり、細かいことに言いがかりをつけたりして、核心に触れることを巧妙に避ける。

相手の話が理解できないふりをする。相手の言っていることが支離滅裂であるとか、バカげているという印象を与えるためである。

嫌々話し合いに応じてやっているのだという態度を露骨に示す。この話し合いは自分にとって苦痛でしかなく、貴重な時間を割いてやっているのだというそぶりを見せて、一刻も早く終わらせようとする。

このような態度で対応されたら、誰だって不愉快な気持ちになるだろうし、「言ってもムダ」と思い知らされるだろう。これは、攻撃欲の強い人のもくろみ通りである。自分の言動に対して説明や謝罪を求められたり、非難されたりすることをあらかじめ防ぐために、煙幕を張っているのである。

心の平安を保つため

こんなふうに話し合いを拒否するのは、後ろめたい気持ちがあるとか、自信がないという理由によることが多いのだが、攻撃欲の強い人は、それを決して認めようとしない。あくまでも否認しようとする。

否認は、ごまかして、現実を覆い隠す、最も原始的な防衛メカニズムである。他人には明白であるように見えることでも、「そんなこと言ってない」「やってない」「知らない」「記憶にない」「誤解しているんじゃないの」などの言葉で、「存在しなかった」ことにしようとする。葛藤を感じなくてすむようにして、心の平安を保つためである。

あなたが事実を突きつけても、壁にぶつかるだろう。いくら証拠を見せても、攻撃欲の強い人は、せいぜい一部しか認めようとしない可能性が高い。自分にとって都合がいいように思い込んでいることが少なくなく、そういうふうに過去の出来事を再構築しようとするような場合さえある。

こういうことは、突きつけられた事実が、攻撃欲の強い人の自己愛を傷つけるような類のものであるほど、起こりやすい。誰だって、自分は間違いなど犯さない賢い人間だし、心優しい善人だと思い込んでいたいのだから、当然と言えば当然である。

こうした自己愛的イメージを壊すような事実を否認し続けようとするのは、ラ・ロシュフコーも言っているように、自己愛が「この世で最もずるい奴より、もっとずるい」せいである。

そのため、厄介な事実を否認するだけでなく、ときにはねじ曲げて、自分が種をまいたもめ事や不和であっても、その責任が相手にあるかのような言い方をすることもある。

たとえば、妻に暴言を吐いたり暴力を振るったりする夫が、離婚協議の際に、

「文句を言うのはやめろ。おれは何もしていない。おまえがいつも変なふうに受け止めるんじゃないか。おまえがおれを挑発するから、おれはいつもイライラするんだ」

などと妻を責めるような場合が典型である。加害者と被害者の立場を逆転して、離婚の責任を全て妻に押しつけようとしているわけである。

事実だけでなく、それによって生じる感情や問題を全て否認しようとするのも、よくあることである。「私には何の問題もないのに、あなたがめちゃくちゃにしている」とか「私はうまくいっているのに、あなたが私を悩ませる」という言い方で、他人のせいにしようとする。

これは、自分の内部の感情や問題から目をそむけて無視したまま、居心地の良い世界に浸っていたいからである。そのため、前の章でも説明したように、「悪」を全て外部の他人に「投影」して、自分自身は「無垢」であるかのようにふるまうわけで、まさに自己愛のなせるわざである。

支配こそが究極の目標

支配こそ、攻撃欲の強い人の究極目標である。これまで、さまざまな手法を取り上げてきたが、いずれも相手を支配して自分のほうが優位に立つことをめざしている。相手が逆らわず服従するようになり、自分の思い通りに何でも決められるようになれば、しめたものである。そうなれば、自分の言動が問題にされることも、批判されることもなく、居心地の良い状況を維持できるのだから。

攻撃欲の強い人に支配されてしまうと、自らの意志で決断したり行動したりする自由を失うだけでなく、自由に感じたり考えたりすることもできなくなったような気になる。また、自尊心が傷つくので、自信を失うし、他人を信頼することもできなくなる。

しかも、このような支配―従属関係に気づいていない、あるいは何となく自覚していながら、なかなか抜け出せない場合も少なくない。これは、攻撃欲の強い人が威嚇して恐怖を与えることにもよるが、むしろ、非難も反抗もせず、「他者の欲望」をできるだけ満たそうとするような人がターゲットとして選択されることが多いためである。

その典型が、親の欲望を満たそうとするあまり、親の操り人形のようになってしまう「良い子」である。親の自己愛を投影した期待も、虐待に近いようなしつけや教育も、全て「愛情」と受け止めて、期待に応えようとする。

あるいは、夫が望む妻の理想像に近づこうとするあまり、自分の欲望を全て押し殺してしまう女性もいる。50代の専業主婦の女性は、次のように語った。

「結婚して30年近くになり、子供も独立したので、自分の時間が持てるようになりました。でも、今になって、この結婚は何だったのかと思います。

もちろん、嫌々結婚したわけではなく、主人のことをとても好きだったから結婚したのです。大好きだったから、主人に気に入られるように、何でもしました。結婚する前は、会社に勤めていましたが、主人に『結婚したら、辞めてくれ』と言われたので、辞めました。主人が、家にいて、家事と子育てをちゃんとやってほしいと望んだからです。当時は、私もそれが当たり前だと思っていたので、抵抗はありませんでした。

ですが、結婚してから、主人の束縛が徐々にきつくなりました。学生時代の友人や会社の元同僚に私が会うことも嫌がるのです。みんな、女友達なのに。だいたい悪く言うので、何となく会いづらくなったのです。それだけでなく、私が外出することにも、嫌な顔をするようになりました。夫と子供のために尽くす女が最高という理由で、毎日出かけているような近所の奥さんをけなすのです。

私がときどき実家に帰ることも嫌がりました。私の実家は田舎にあり、両親が兄夫婦と同居しているのですが、そこに子供を連れていくことにも、渋い顔をするのです。そういうわけで、私は実家とも友人とも疎遠になりました。

子育てが一段落して時間ができたので、太らないようにするためジムに通いたかったのですが、それも反対されました。いろんな人が来ていて、どんな人が来ているかわからないから、そんな危ないところは避けたほうがいいという理由で。とにかく、私が自分の時間を持って、自分だけの楽しみを見つけることに、我慢がならないようです。

主人がそういう人だということは、一緒に暮らしているうちに少しずつわかってきたのですが、私は何も言えませんでした。主人を怒らせるのが怖かったからです。第一、今の私は、仕事もお金もなく、親兄弟や友人とも離れているので、夫から捨てられたら、生きていけませんから。

ただ、主人は、しょっちゅう同じ会社の女性と一緒に飲みに行ったり、旅行に行ったりしているのです。仕事上のつき合いだと言っていますが……。最近も、携帯電話に、

30代くらいの女性とろうそくを立てたバースデーケーキを前にして撮った写真が残っていました。日付を見たら、ちょうど接待の飲み会で遅くなるから晩ご飯はいらないと電話してきた日だったので、あの日だったのかと思いました。私には、家でおとなしくしていろと言うくせに、主人は外で会社の女性と楽しくやっているわけで……。私の人生は一体何だったんだろうと思うんですよね」

この女性は、結婚当初は夫への愛情ゆえに、そして後には夫に対する恐怖ゆえに、無価値化や価値観の押しつけを従順に受け入れてきたために、夫への依存から抜け出せなくなった。その結果、攻撃欲の強い人に対して怒りや敵意を抱きながらも、依存せざるをえない「敵対的依存」に陥ってしまったわけだが、こういう人はかなり多い。

自分に収入がないせいで、攻撃欲の強い夫と離婚できない専業主婦だけでなく、親の金がないと暮らしていけないせいで、「毒になる親」から独立できない子供も、その典型である。あるいは、会社からもらう給料がないと生活していけないために、攻撃欲の強い上司に対して従順でいなければならない会社員だってたくさんいるだろう。

このような事例を精神科医として数多く見てきたので、攻撃欲の強い人の支配から解放されて自由になるためには、なにがしかを犠牲にする覚悟が必要だとつくづく思う。

お金かもしれないし、仕事かもしれない。あるいは、保護や愛情かもしれない。メッキがはげていても、ゆがんでいても、攻撃欲の強い人に依存せざるをえない場合は、それを捨てるなんてとてもできない相談だと思うだろう。だが、そこから抜け出せば、「ああ、やはり地獄だった。あのまま依存していたら、腐っていくだけだった」と実感するはずである。

スッとするために正義を振りかざす

インターネットは、誰かの誹謗中傷にあふれた世界である。ほんの小さな悪事でも、まるで鬼の首でも取ったかのように大きく騒ぎ立てる。自分の意見と違う人がいると、徹底的に論破してその人の人間性まで否定しようとする。相手が成功している有名人ともなれば、攻撃はますます激しくなる。ネットから始まった騒動が大きくなり、マスコミに取り上げられることも珍しくない。

最近特に増えているのは、「正義」を振りかざして相手を追及するやり方だ。たとえば、芸能人の家族が生活保護を受給しているということを知るやいなや、「けしからん。

この税金泥棒！」といった具合に相手を攻撃する。ここまでならまだ序の口だ。徹底的に糾弾するにはそれだけでは足りないと、その芸能人の出演番組のスポンサーに「降板させろ」という抗議を申し入れたり、芸能人の過去の発言を掘り起こして発言の矛盾を指摘したりと、相当な労力をかけてまでその人を攻撃しようとする。

たしかに、生活保護は必要な人に正しく支給されなければならない。そして不正受給が後を絶たないという問題に一石を投じたという点では意味のあることだった。しかし、この騒動が起こるまで、その問題と向き合っていた人がどれだけいただろうか。また、騒動後も継続してこの問題と向き合っている人はどれだけいるだろうか。当時攻撃していた人たちの目的は、社会問題の根本的解決にあったのではなく、自分の攻撃欲を満たすことにあったのではないかと思われる。

実際、この騒動が収まると、次は芸能人の不倫騒動、人気アイドルの男性との交際騒動と、攻撃ターゲットは目まぐるしく変わっていった。全ての騒動に参加している人がどれだけいたかは知らないが、他人の悪を叩いた人は総じて次のような快感を得たのではないだろうか。

「悪を叩いてスッとした。楽しかった」

なぜ悪を叩くとスッとするのか。それは悪を叩くことによって、「自分には悪がない」というふりをし、自分自身の悪を否認できるからである。しかも、自分が否認した悪を外部の他人に転嫁する、つまり攻撃対象の他人に「投影」しているのだ。

これまで、ルールや一般常識、マナーから一度も外れたことがないという人はいないだろう。車の制限速度を1キロもオーバーしたことがない、通学路で寄り道したことがない、人の陰口を言ったことがない、他人を傷つけたことがない。そんな人はほとんどいない。誰だって多かれ少なかれ、「悪」に手を染めたことがあるはずだ。にもかかわらず、自分が悪を糾弾するときは、そんなことなどなかったかのように他人を容赦なく叩く。

これはネットユーザーのことだけを言っているのではない。ニュースキャスターやテレビのコメンテーター、マスコミの記者なども、自分のことを棚に上げて非難することが珍しくない。他人の不倫を批判していながら、実は自分も不倫をしていた。飲酒運転を批判しておいて、実は自分も飲酒運転をしていた。こんな矛盾は珍しいことではない。一般社会でも同様である。自分のミスを棚に上げ、部下のミスを執拗に責める上司。外で不倫をしておいて、妻の浮気を疑う夫。これらの攻撃メカニズムはみな同じである。

こんなふうに攻撃する人たちは、無意識のうちに、先ほどの「投影」をしている。自分が持つ「内なる悪」を外部に追い払おうとしているのだ。自分の嫌な部分、内なる悪があるからこそ、他人の悪を見つけるとそれを排除し、自分があたかも正義であるかのようにふるまってしまう。

つまり、正義と悪はわれわれの中では表裏一体なのであり、自分に何かやましいこと、負い目を感じていることがある人ほど、他人を攻撃してスッとする快感に浸ろうとするのである。

他人のせいにして、万能感を維持する親

学校に無理難題を突きつけたり、ちょっとしたことで猛抗議をしたりするモンスターペアレント。彼らの攻撃欲はどこから来ているのか。

まず彼らに認められる傾向として、「他責」という言葉から説明したい。他責とは、自分や自分の周りに起きていることを、他人や周囲の環境のせいにするということだ。

反対に自分のせいにしてしまうことを「自責」という。

自責的な人というのは、会社や家庭でうまくいかないことがあると、「自分が悪いせいだ」と自分を責めてしまう。周囲に気配りができて責任感が強いのだが、その反面うつ病にかかりやすい。

では他責的な人はうつ病にはならないのかというと、こんどは一転、「新型うつ」と呼ばれる病気にかかりやすいのである。新型うつの患者に認められる特徴は、休日は元気、気分の浮き沈みが激しい、ささいな一言で傷つく、過食や過眠をしがち、などである。この人たちの最大の特徴は、自分の病気を他人のせいにすることである。たとえば、「上司とそりが合わない」「会社の仕事が面白くない」というふうに、その原因を自分以外に見つけようとするのだ。うつ病とはいえ、自分の好きな仕事をしているときや、休日どこかに遊びに行くときなどは元気になるので、世間の人たちから「これは怠け者とどう違うのだ?」と思われがちである。

なぜ他責に走るのか。それは「すごい自分」という自己愛的イメージと現実とのギャップを、自分では埋められないために、他人のせいにすることで万能感を維持しようとするからである。

モンスターペアレントというのはまさに、こうした他責的な特徴が認められる人たちの代表格である。学校で成績が伸びない、いじめられている。このあたりまでは学校の責任を問うても何らおかしくはない。しかしモンスターペアレントというのは、自分の子供がいじめる側に立っていたために先生に注意されたとしても、「うちの子は悪くない、絶対そんなことしない」と、やはり他に責任を求めようとする。さらに、「修学旅行の記念写真でうちの子が真ん中にいないから撮り直してきて」だとか、「学芸会ではうちの子を絶対主役にしてください」だとか、無理な要求を押しつけようとする。

こういう場合、親たちの万能感は自分の子供を対象としている。「自分はすごい」を「うちの子はすごい」と置き換えているのだ。

「うちの子は勉強も運動もできて、明るく活発で友達も多く、先生の言うこともしっかり聞く」

そんな完璧な子供、「パーフェクトチャイルド」の幻想を抱いているため、自分の意に沿わない指導を受けると、「それは学校や担任が悪いのでは?」と他責の観点で自分の子供の万能感を保とうとするのである。

その攻撃性は日本の学校教育の根幹を揺るがすほどに強烈である。担任には昼夜問わず電話をかけ、ああだこうだとクレームをつける。そして自分の子供の勉強や学校生活がうまくいかないと、校長に担任を代えるよう直訴したり、ときには教育委員会に直訴したりもする。そんなモンスターペアレントに振り回された現場の教師たちは当然疲弊する。休職や退職を余儀なくされるケースが後を絶たず、心労を苦に自殺に至ったケースもある。モンスターペアレントの攻撃性というのは実に恐ろしいものなのだ。

数年前からは、病院で医者や看護師に暴言を吐いたり暴力を振るったりする「モンスターペイシェント」の問題も増えている。いずれも他責的であるがゆえに、相手を攻撃し、自分の万能感を満たそうとしている。彼らには、「自分はここで何でも許される」という思い込みがある。これは、幼児の甘えと何ら変わりないのだが、大人になってもその自覚が持てないのである。

モンスターペアレントたちは、会社や家庭内における攻撃欲の強い人たちと比べても、その対処が難しい。会社や家庭内ではそういう人としばらく会話をしない、避ける、などの選択肢があるが、モンスターペアレント相手では彼らの要求を無視するわけにもいかない。さらにこの病の根っこは個人というよりも社会にあるので、学校や地域が一体となってこの問題に取り組まなければ解決の道はない。

恋人を密かに奪うフレネミー

攻撃してくるのは何も自分と敵対関係にある人ばかりではない。悪意のある人は、時には友達のふりをして攻撃してくる。「友達が自分を攻撃しているんじゃないか」と考えるだけでもつらいものだが、実際によくある話だ。

そういう人たちを表す「フレネミー」という言葉をご存じだろうか。フレネミーとは、「Friend（友達）」と「Enemy（敵）」を合わせた造語で、米ドラマ『セックス・アンド・ザ・シティ』のシーズン3、エピソード16のタイトルとして使われたのが始まりである。

第2章でも紹介した受動的攻撃の一種を用い、直接的に攻撃してくることはあまりないが、間接的にあなたにダメージを与えるものである。

たとえばある女性が女友達に恋愛の相談をしたとしよう。

「最近すれ違いが多くなかなかうまくいっていないの。ちょっとしたことでけんかになって、仲直りするのにも時間がかかるし……」

友達はこの話を聞いて、どうすればうまくいくか親身になって考えてくれた。この女性はすっかり友達のことを信用してしまった。

1ヶ月後、彼女は恋人から別れを告げられてしまう。このところの二人の関係からしても、仕方のないことだと彼女は納得し、つらい気持ちを自分の心の中に封印して日常生活へと戻っていった。

しかし数日後、偶然街でその元彼の姿を見つけた。彼女は愕然とした。元彼の隣には、相談に乗ってくれた友達がいたのだ。どう見ても二人はつき合っているカップルだった。

彼女は共通の知人を介して、一体この1ヶ月で何があったのかを知った。その友達は、彼女が恋人とうまくいっていないことを知り、これはチャンスとばかりに彼に猛アタックしたということである。しかも周囲には、「もうあの二人は別れたみたい」と吹聴していたのだ。

相談をした段階では、彼女はまだ別れるつもりなんてなかった。またやり直すための方法を模索していたのに、事情を知った女友達に恋人を奪われたのである。彼女にとっては、この女友達こそフレネミーだった。周囲にあることないことを吹聴し、おそらくその彼にも、自分をおとしめるようなことを言っていたのだろう。彼女は自分が傷つけられてはじめて、友達の悪意に気づいたのである。

第1章で紹介した女性会社員と後輩も、会社の先輩後輩とはいえフレネミーの関係に近い。どちらのケースも、「他人の不幸は蜜の味」と感じる人間による攻撃が、被害者の気づかないところで行われていた。フレネミーは、他人の幸福が我慢できず、それを破壊して不幸をもたらそうとするという点で、攻撃欲の強い人の典型である。

精神的ダメージで言えば、友人の裏切りほど大きいものはない。かといって友人を過剰に疑うこともできない。逆に言えば、攻撃を仕掛ける側にとってはこれほど有利な立場もない。そこにフレネミーの怖さがある。攻撃欲のある人の特徴が見えたら、何でもさらけ出すのは控えたほうがいいだろう。

もっとも攻撃欲が強い、無差別殺人の言い訳

他責的な人間が引き起こす最悪の結末が、無差別殺人事件である。近年日本で発生した無差別殺人事件を振り返ってみても、犯人の他責的な動機を垣間見ることができる。

秋葉原殺傷事件、附属池田小事件、土浦連続殺傷事件など、無差別大量殺人の犯人の多くは自殺願望を抱いている。そのため自殺願望が事件につながっているのだと思う方もいるかもしれないが、そうではない。自殺願望を抱いている人ならそれこそ何十万人といいそうなものだが、こうした無差別殺人事件を起こす人間はごく少数だ。

それよりも彼らを行動に駆り立てるのは、先ほどから述べている他責的傾向である。自分の仕事や私生活がうまくいっていないことを、自分の責任と考えるのではなく、親が悪い、会社が悪い、社会が悪いと、他者に責任転嫁し、復讐をしようと考える。彼らはもともと抱いていた自殺願望を、自分に向けるのではなく、他人への攻撃衝動にすり替え、社会への復讐のために無差別大量殺人を起こしてしまったのだ。

こうした事件の犯人たちも、自己愛的万能感と現実とのギャップが大きい。先ほどのモンスターペアレントどころではない。自分はすごい人間だ。もっとやれる。そんな万能感を抱いているものの、現実の自分があまりに惨めで、それを認めたくないがために他責的な思考をし、強烈な不満を持つようになるのである。

このように理想の自分と現実の自分との間のギャップに苦しんでいるのは、彼らだけではない。誰しも子供のときに経験することなのだ。ただし、多くの人は思春期のうちから少しずつ現実を受け入れ、何かを「断念」しながら大人になっていく。大人になってもこのギャップに苦しむのは、自分が万能ではないという現実を直視できないからである。万能感と現実のギャップが大きければ大きいほど、他者への不満が募る。

そのうえ、無差別殺人事件へと至るもう一つのステップとして、彼らは「投影」を行なっていた。投影とは、先述したように自分の中にある「内なる悪」を、外に放り出して他者に転嫁しようとする心理メカニズムである。彼らにとって他者は誰でもいい。つまり、ターゲットを特定しなくても、自分の内なる悪をぶつけられる相手を攻撃できれば、それで目的を果たせる。だから無差別殺人事件を起こしてしまうのだ。

彼らが望んでいるのは、社会の無価値化である。社会の価値そのものがなくなれば、相対的に自分の価値が高まり、理想と現実のギャップも埋まる。そう考えているのだが、実際には万能感を捨てきれない幼稚な人間にほかならないのである。

第5章

どんな人が影響を受けるのか

攻撃欲の強い人に支配されると、エネルギーを吸い取られるように感じる。そのため、気分の落ち込みや疲労感に悩まされることが多い。「あの人から電話がかかってくるたびに、くよくよ考えて、何もする気がなくなる」とか、「あの人が旅行で休んでいた間は、イライラせずにすんだ。あの人に振り回されずにすむから」というふうに訴える人もいる。

おまけに、不安や欲求不満にもさいなまれる。攻撃欲の強い人が一体何を求めているのか、こんどはどんな反応をするのか予測不能なことが多いせいである。この不安や欲求不満ゆえに敵意や怒りを抱くことになりやすいが、攻撃欲の強い人に対して直接出すわけにはいかず、反転させて自分自身に向けるしかなくなる。

それが心身にさまざまな影響を及ぼす。ときには病気を引き起こすことさえある。一体どんな影響を及ぼすのか、そのメカニズムをこの章では分析していくことにしたい。

真の意図が見えにくい

攻撃欲の強い人が身近にいると戸惑い混乱することが多いのは、一体何を欲しているのか、その欲望が見えにくいせいである。前の章で指摘したように、こういう人の究極目標は支配であり、他人のことなど考慮せず、自分の思い通りに何でも決められるような居心地の良い状態を維持すべく策を弄するのだが、こうした意図を巧妙に隠蔽する。

たとえば、「私は、ただあなたに幸せになってほしいだけ」「あなたが仕事ができるようになるようにと思って助言している」「あなたのためを思って言っている」「あなたを助けたいからこそやっている」といった言葉で、攻撃欲も支配欲も覆い隠そうとするので、真の意図を見ぬくのが非常に難しい。

ときには、攻撃欲の強い人が自分自身の悪意に気づいていないこともある。強い自己愛ゆえに、自分は心優しい善人だと思い込んでいるので、無自覚のまま相手を傷つけたり壊したりする。夏目漱石が『三四郎』のヒロインを評した言葉を借りれば、「無意識の偽善者」ということになるが、実際、自己欺瞞の塊のような人間が存在するのである。

ターゲットとして選ばれやすいのが、「他者の欲望」をできるだけ満たそうとするような人であることも、真の意図を見破るのを一層困難にしているかもしれない。攻撃欲の強い人が何を望んでいるのかを読み取って、それに沿うようにしようとするあまり、振り回されてくたくたになってしまう場合が少なくないためである。

特に、家族、あるいは恋人や友人のように、愛情や友情で結ばれているはずという幻想の上に成り立っている関係では、真の意図が一層見えにくくなる。愛情や友情は、攻撃欲や支配欲のようなサディスティックなエゴイズムよりも強いはずだと大多数が思い込んでいるからである。

あなただって、あなたを「愛している」と言っている人間が実はあなたを支配したいとか、利用したいという欲望に突き動かされているなんて、信じられないはずだ。第一、信じたくないだろう。

だからこそ、つらい発見から身を守るために、ターゲットにされる側が否認という防衛メカニズムに頼ることになりやすい。前の章で、攻撃欲の強い人がこのメカニズムをしばしば用いると述べたが、それだけでなく、ターゲットのほうも目の前の現実から目をそむけようとするので、見破るのがより一層難しくなるわけである。

しかも、ターゲットにされやすい人は、恐怖を抱いていることが多い。不和や葛藤への恐怖、愛情を失うことへの恐怖、場合によっては「与える」と約束された金銭とかポストとかの「利得」を失うことへの恐怖などさまざまだが、いずれにせよ、このような恐怖も、攻撃欲の強い人が支配のために用いる手法を見ぬくのを妨げている一因である。

とりわけ、第3章で指摘したように、愛情欲求や承認欲求が強く、他人からどう見られているかを気にする人ほど、こうした恐怖が強いようである。

たとえば、30代の女性は、結婚してからずっと、何でもあらかじめ徹底的に調べて計画的にやらないと気がすまない完璧主義の夫から「おまえは何も考えていない」と罵倒され続けてきたせいで、落ち込むようになったのだが、夫が自分を支配したいという欲望を抱いているなんて夢にも考えていなかったという。

このように否認し続けたのは、離婚して女手一つで自分を育ててくれた母親の苦労を間近で見ていたこともあって、夫の愛情を失いたくないという気持ちが強かったうえ、「良き妻」として周囲から認められたいと思っていたからである。

夫から責められるたびに、夫への怒りや敵意を抑圧して、「私のせいだわ。いつも夫を失望させるようなことをしているから」と自分自身に言い聞かせてきたのだが、その結果、何事にも自信が持てなくなり、家事も育児もできなくなってしまったのである。

強い欲求不満を持たせる

このような関係が続くと、ターゲットにされた側は強い欲求不満を感じる。当然、関係を変えようとさまざまな努力を重ねるが、いずれも徒労に終わる。攻撃欲の強い人が変わってくれるのではないかという淡い期待を抱いて、献身的に尽くしたり、誠実に働いたりしても、報われない場合が多いと覚悟しておいたほうがいいだろう。

たとえば、暴言を吐いたり、暴力を振るったりする夫に悩まされている妻が、「でも、あの人は私を愛しているはずだから、私が我慢していれば、きっと変わるだろう」と自分に言い聞かせて耐えていても、夫のふるまいは変わらない可能性が高い。あるいは、自分がいくら業績を上げても全然認めてくれず、あら探しばかりしている上司に悩まされている会社員が、「この仕事で自分が有能であることを示したら、会社にとって必要な人間だと思ってくれて、扱いが変わるのではないか」と期待して頑張っても、「それくらい、やって当たり前」みたいな言い方をされるのではないか。

欲求不満の吐《は》け口がないと、どうしても怒りや敵意を抱くようになる。だが、それを攻撃欲の強い人に対して直接出すなんて、とてもできない。直面したり対決したりすることへの恐怖が強いので、そんな面倒なことはできるだけ避けようとするからである。

当然、抑圧するしかないが、そうすると心身にさまざまな弊害が出ることになる。頭痛やめまい、喉が詰まったり胃が重くなったりする感じ、筋肉のこわばりや緊張などである。食欲が低下することもあれば、逆に過食によってストレスを発散しようとすることもある。

職場で攻撃欲の強い人に悩まされている場合は、その日自分に降りかかった出来事を、帰宅してからも繰り返し思い出してくよくよと考えるかもしれない。家族に愚痴をこぼすかもしれない。

あるいは、強い不安のために、なかなか寝つけなかったり、夜中に何度も目が覚めたりして、寝覚めが悪く、なかなか起き上がれないかもしれない。気分が落ち込んで、何をするのも嫌になり、仕事に行けなくなったり、家事をこなせなくなったりするような事態に陥ることもある。

こうして、心身ともにボロボロになってからはじめてストレスの原因は一体何だったのかと考えるようになり、「あの人がそばにいるときに限って、調子が悪かった。あの人が私をむしばんでいたのだ」とやっと気づく場合が少なくないのである。

支配された関係の中で感じるアンバランス

攻撃欲の強い人に支配され振り回されているターゲットは、このような関係がアンバランスで理不尽だと、薄々とではあるにせよ、自覚していることが多い。本能的に、何かがおかしい、何よりも不均衡だと感じ取っているのである。何しろ、攻撃欲の強い人が巧妙に身勝手な欲求や要求を押し通すため、結局、こちらの欲求は無視されたままで、ほとんど満たされないのだから。

このように、関係がアンバランスだと片方が感じていること自体が、もう一方が支配欲の強い人である可能性を示唆しているとも言える。アンバランスで理不尽な関係だと気づいていながら抜け出せず、反論も抵抗もできない人、つまり第3章で指摘したような「弱くておとなしい人」であれば、支配するのも、支配―従属関係を強化するのも簡単だと認識したうえで、ターゲットを選んでいる可能性が高いからである。

特に、他人に気に入られたいとか、認められたいという欲望に突き動かされている人ほど、「他者の欲望」を満たそうとしがちであり、こういうアンバランスな関係にはまりやすい。自分自身の判断に自信がなく、しばしば他人からどう見られるかが唯一の判断基準になっているので、攻撃欲の強い人に支配された関係でも、それが自分の評価を高めることになると思えば、受け入れてしまいやすいからである。ときには、攻撃欲の強い人の共犯者のようになって、共依存に陥っている場合もあるのだが、それについては後でくわしく述べることにする。

こうした関係が続けば続くほど、ターゲットにされている側は、理解してもらえない、侮辱されている、利用されているなどと感じるようになる。当然、自己評価が低下し、自尊心も持てなくなる。これは、攻撃欲の強い人に支配された関係の中で、自分はしっかりと自立した存在だという自信を失ってしまうためでもある。

自信も自尊心も持てなくなると、攻撃欲の強い人への心理的依存が一層強まるので、支配―従属関係に拍車がかかることになる。その結果、自己評価がさらに低下して、無力感にさいなまれるようになり、悪循環に陥っていくのである。

攻撃欲の強い人に対する怒りと敵意

こういう状況が続けば、欲求不満が溜まって、怒りや敵意を感じるようになるだろう。だが、それをおおっぴらに出すわけにはいかないので、それは心の中でくすぶり続ける。

これは、ターゲットにされやすいのが、怒らない「寛大」な人であることにもよるのではないか。このような「寛大」さは、一般には美徳とされているが、「われわれの美徳は、まずたいてい、偽装した悪徳にすぎない」と言い切ったラ・ロシュフコーは、「いいところを見せたかったり、罰を下すのが面倒くさかったり、後で復讐されるのが怖いことから示すもの」にすぎないと毒を吐いている。つまり、怒らない「寛大」さとは、虚栄心、怠惰、恐怖の産物に他ならないというわけである。

たしかに、攻撃欲の強い人と対峙して厄介な事態を招くことを避けるために怒りを押し殺したり、関係を断ち切るための努力をせず支配された関係にとどまり続けたりするのは、怠惰と恐怖によるところが大きいように思われる。また、周囲からの評価を気にするあまり、怒らない「いい人」でいようとしている「ええかっこしい」も少なくない。虚栄心も重要な役割を果たしているようである。

いずれにせよ、怒りや敵意を、その原因を作った張本人である攻撃欲の強い人に対して直接出すことができなければ、残された方法は二つしかない。

一つは、方向転換して、自分より弱い者に向ける「置き換え」である。自分が支配されたり振り回されたりして感じた不安や恐怖を、自分が受けたのと同じ仕打ちをより弱い対象に加えることによって克服しようとする。

これは、フロイトの娘アンナ・フロイトが「攻撃者との同一視」と名づけたメカニズムである。子供が「自分に不安を与える人のある属性を自分のものとして取り入れ」ることによって不安経験を処理するのは、しばしば認められるが、大人でも「攻撃者を擬人化し、その属性を潜取し、攻撃を模倣する」ことによって、「恐怖を与えられる者から恐怖を与える者に変化」しようとすることがある(外林大作訳『自我と防衛』誠心書房)。

このようなメカニズムが働くからこそ、第2章で述べたように、職場、学校、家庭などに攻撃欲の強い人が一人でもいると、重苦しい雰囲気や沈滞ムードが漂い、もめ事や不和が絶えず、みんな疲弊していくことになる。また、いじめられっ子が、より弱い者をいじめて、いじめっ子に変貌していく場合もある。

周囲に自分より弱い対象が見当たらないとか、弱い者いじめのような卑怯な真似はできないという場合は、反転させて自分自身に向けるしかない。これは、心身にさまざまな弊害をもたらすが、最も深刻なのは、罪悪感にさいなまれて、うつになることである。

うつの患者さんの苦悩について、フロイトは「彼らの敵意を直接に示すわけにゆかないので、みずから病気になって、その病気を通じて愛する者を苦しめるのである。患者の感情障害を引き起こす相手、彼の病気がめざしている相手の者は、ふつうは患者の身辺にいる」と分析している（井村恒郎訳「悲哀とメランコリー」『フロイト著作集第六巻』人文書院）。「自己処罰」という回り道を通って、「元の対象」に復讐しているというわけだが、さすがに炯眼《けいがん》と言うべきだろう。

「他者の欲望」を満たそうとする人ほど泥沼に

攻撃欲の強い人に支配されたり、振り回されたりするストレスによって、認知、思考、判断などもゆがんでくることがある。現実をきちんと認識できなくなり、耐えがたい現状から脱出するための方策に目を向けることさえできなくなってしまうのである。

そうなると、攻撃欲の強い人のわなにかかって身動きがとれなくなったように感じて、もう抜け出すのは不可能だと思い込むようになる。その結果、無力感と失望がますます強くなり、戦おうという気持ちも、状況を少しでも良くしようという気持ちもなくなってしまうわけである。

しかも、攻撃欲の強い人の欲望をできるだけ満たそう、要求にできる限り応えようとして一緒にいる時間が長くなればなるほど、状況は深刻になり、心身にさまざまな影響が出てくる。だからこそ、一刻も早く気づいて抜け出すことが必要なのだが、先に述べたように、「他者の欲望」を満たそうとする人ほど、このような状況に陥りやすいし、気づくのにも時間がかかる。

「他者の欲望」を満たそうとする傾向が強いのは、一体どんな人か？　だいたい、次のような特徴が認められる。

1　愛情欲求が強く、相手を喜ばせたい、気に入られたいという願望が強い

2　承認欲求が強く、常に周囲から認められたいと望んでいる

3　依存欲求が強く、自立への不安を抱いている
4　不和や葛藤への恐怖が強く、対決や直面をできるだけ避けようとする
5　自分に自信がなく、なかなか断われない
6　いつも他人に合わせてしまうので、自分の意見を言うのは苦手である
7　自分が決めて責任を負うようなことになるよりも、他の誰かに決めてほしい

もし、4つ以上当てはまる点があれば、「他者の欲望」を満たそうとする傾向がかなり強いと認識すべきである。3つ以上当てはまれば、要注意、2つあれば、もっと自分をしっかり持つよう自分自身に言い聞かせたほうがいいだろう。

もっとも、「人間の欲望は他者の欲望である」とフランスの精神分析家・ラカンが言っているように、誰でも多かれ少なかれ「他者の欲望」を取り入れて満たすことによって、愛されたり、認められたりすることを「存在価値《レゾンデートル》」にしているものである。そういうことが全くなければ、他者との関わりを一切拒否して自分だけの世界に閉じこもるようなことにもなりかねない。

だから、「他者の欲望」を満たそうとすることが一概に悪いとは言えない。生きていくうえで必要な場合もあるだろう。ただ、「過ぎたるは及ばざるがごとし」で、「他者の

欲望」にとらわれてばかりいると、自分の欲望を持てなくなり、操り人形のようになってしまう危険性がある。特に、攻撃欲の強い人にとっては格好のターゲットとなり、わなに落ちやすいということを忘れてはならないのである。

ターゲットにされる側の責任は？

ここまでお読みくださった読者の中には、では、攻撃欲の強い人からターゲットにされる人の側には責任は全くないのか？　という疑問を抱かれた方が少なくないのではないか。至極もっともな疑問である。

もちろん、責められるべきなのは攻撃欲の強い人である。こういう人にターゲットにされたら、弱くておとなしい人、すぐに同情してしまう優しい心の持ち主ほど、丸め込まれてしまう。しかも、最初は、しばしば親切で善良そうな仮面をかぶって近寄ってくるのだから、易々と支配されてしまうのも無理からぬことだ。

だが、「いい人」と思われたいとか、不和や葛藤を避けたいとか、復讐が怖いとかといった理由で、目の前の現実を否認し、攻撃欲の強い人に支配される関係にずっととどまり続けているような場合は、ラ・ロシュフコーが見ぬいているように、虚栄心、怠惰、恐怖で身動きがとれなくなっているというそしりを免れないだろう。

第一、このような関係は一朝一夕にして出来上がるわけではない。さまざまな弊害が出るようになるまでには、相当な時間が経っているはずなので、攻撃欲の強い人の本性を見破れないのは少々おめでたいのではないか、あるいは、気づいていながら、されるがままになっていたというのは、あまりにも無防備なのではないかという批判だってされかねない。

「一度だまされたら、だました者の恥、二度だまされたら、だまされた者の恥」という格言もある。他人を信じるのは個人の自由かもしれないが、自分の身は自分で守らなければならない。それゆえ、攻撃欲の強い人の「イネイブラー（支え手）」になっていないか、わが身を振り返ることが必要である。

「イネイブラー」とは、アルコール依存症患者に酒代を与えたり、飲酒による不始末の尻ぬぐいをしたりする人である。たとえば、アルコール依存症の男性の周囲には、母、妻、恋人などの献身的で働き者の女性がいて、本人が飲み続けることを可能にしている場合が多い。このような「イネイブラー」が存在するからこそ、本人が酒をなかなかやめられない。つまり、共依存の関係に陥っているわけである。

嘘つきの周囲にも、嘘を信じてうなずいたり、おもしろがったりする人がよくいる。こういう人が、嘘をつき続けることを可能にする「イネイブラー」の役割を果たしているからこそ、虚言癖はなかなか治らないのである。

それと同じように、攻撃欲の強い人の周囲にも「イネイブラー」が存在することが多い。たいていは、親切で優しく、他人の悪意を疑うことなどせず、傷つけられてもできるだけ早く忘れて笑顔で接しようと思っているような人である。

当然、ターゲットにされやすい。驚くのは、上司や同僚から、ひどい言葉で侮辱されたり、大変な仕事を平気で押しつけられたりして、さんざん痛い目に遭わされているにもかかわらず、言い返さずに黙々と働いていればいつか相手の態度が変わるのではないかと淡い期待を抱いている人がいることである。

そんなことはほとんどありえない。こちらが誠心誠意やっていれば向こうがそれに応えてくれるだろうなどというのは、甘ったるい幻想にすぎない。世の中には真心や誠意が通じない相手もいる。

「この世には、嘘をつくという目的のためにだけ嘘をつくという人も存在する」と、パスカルは言っているが、同様に、何のメリットもなくても、ただ相手を攻撃したいとか支配したいという欲望に突き動かされているような攻撃欲の強い人が存在することを忘れてはならない。

そういう人から身を守るためにも、ターゲットにされやすい人＝「イネイブラー」になりやすい人には、「他者の欲望」をできる限り満たそうとする傾向以外にどのような共通点が認められるのか、ここで概観しておこう。

一時的な弱みにつけ込まれる

「そんなにお人好しじゃないから、ターゲットになんかされない」と、あなたは思っているかもしれない。だが、人生は山あり谷ありである。喪失体験に全く遭遇せずにいられる人生なんて、ありえない。

愛する人を突然亡くして落ち込むかもしれないし、恋人や配偶者との別れによって孤独感にさいなまれるかもしれない。あるいは、事故や病気で療養生活を余儀なくされて、もう立ち直れないのではないかという絶望感にとらわれるかもしれない。また、このご時世では、いつ、リストラや倒産によって失職の憂き目に遭うかわからない。

離婚や破局を経験した直後に親切で優しそうな異性に出会うと、「この人を逃したら、もう次の出会いはないかもしれない」という危機感から、それまでは受け入れられなかったことでも受け入れようとしがちである。毎日のように罵倒されたり、侮辱されたり、ときには暴力を振るわれたりしても、別れた後の孤独を思えば、耐えがたいことでも耐えようとするものである。

一度失業して無職、無収入の悲哀を味わった人も、やっと見つけた職場では、「ここでクビになったら、次はない」という危機感ゆえに、多少のことには目をつぶって我慢しようとするだろう。その結果、上司や同僚にこき使われたり、「使いものにならない」などとけなされたりする羽目になるかもしれない。

このように一時的な弱みに巧妙につけ込むのが攻撃欲の強い人である。独特の嗅覚で、ターゲットになりやすそうな対象をかぎ分けて、不安や孤独を利用するわけである。ある種の新興宗教は、一家の主が亡くなったり、誰かが長患いしたりして困窮している家庭をターゲットにして信者を獲得しているという話を聞くことがあるが、これは、弱っている人ほどつけ込まれやすいという原則を踏まえた戦略である。

「弱り目に祟り目」とか「泣きっ面に蜂」ということわざも、何らかの災難に遭遇して弱気になっている人が、攻撃欲の強い人につけ込まれてボロボロになっていく悲惨な様子を端的に言い表したものなのではないか。

暗示にかかりやすい人は〝鴨〟

幻想を抱きがちで、現実の世界がその幻想通りではないということをなかなか受け入れられない、いや、むしろ受け入れたくないがゆえに、理想化しやすいというのも、しばしば認められる傾向である。

世の中は、助け合いたいという善意で動いている善人であふれていると思い込んでおり、周囲の人間の嫌な部分には目を向けようとせず、理想化してしまう。世の中には、親切ではない人もいれば、悪意を善人の仮面で覆い隠している人もいるという現実を認めることに耐えられないからである。

当然、自分の夢や幻想を壊すような現実に直面することを避けて、夢や幻想にぴったり合いそうなことを言う人を信じることになる。このように理想化して信じやすい人が、何かのきっかけで落ち込んでいるような状況は、攻撃欲の強い人の目には、「鴨が葱を背負ってくる」ように映るはずである。その人が信じている夢や幻想に適合しそうなことをちらつかせるだけでいいのだから。

理想化しやすい人は、白馬に乗った王子様が自分の前に現れた、理想の女性にめぐり合えた、理想的な職場がやっと見つかった、信じられないほど素晴らしい投資話が舞い込んだなどと信じてしまいやすい。

これは、暗示にかかりやすい傾向とも密接に結びついている。暗示にかかりやすい人の多くは、自分で自分に暗示をかける自己暗示にはまっている。つまり、幻想的願望充足によって、満たされぬ現実を乗り越えようとするわけだが、こういう人ほど理想化して信じてしまい、後で痛い目に遭うことになる。

攻撃欲の強い人につけ込まれないようにするためには、目と耳を働かせて、人間観察の訓練を積むと同時に、幻想を捨てて現実を受け入れる覚悟が必要である。酷なようだが、理想を追い求めるあまり、自分の幻想とは異なる現実を受け入れようとしない「夢見る夢子ちゃん」は、ターゲットにされやすいのである。

見せかけの幸福に弱い人もターゲットに

幸福の固定観念にとらわれていて、見せかけの幸福にしがみつこうとするタイプも、攻撃欲の強い人に悩まされていることが多い。エリートで優しい夫と庭つきの一戸建てに住んで絵に描いたような幸せな家庭を築いているように見える女性が、毎日夫から罵倒されたり殴られたりしていることもあれば、一流大学を出てブランド企業に勤め順調なサラリーマン人生を送っているように見える男性が、上司の理不尽な仕打ちや命令のせいで心身症になってしまうこともある。

それでも、こういうタイプは、目の前の現実を否認して、「自分は幸福なのだ」という幻想にしがみつこうとしがちである。この幻想は、一握りの真実を含んでいる。夫にせよ、上司にせよ、自分を悩ませている攻撃欲の強い人がいなければ、幸福なのだから。だが、自分が手に入れたと信じている幸福が、この攻撃欲の強い人と切り離せないのも、残酷な事実なのである。

「幸福なのだ」と自分で自分に言い聞かせるのは、「文句を言う理由なんてないはずだ」

「おれみたいないい夫、他にいるはずがない」「この会社を辞めたら、同じ給料をくれるようなところが見つかるわけがない」「自分がどれだけ恵まれた立場にいるか、わかってないいんだ」などと、攻撃欲の強い人に繰り返し言われ続けているからでもある。

また、事情を知らない周囲も、外面《そとづら》だけを見て、「優しそうなご主人で、幸せね」「いい会社に勤めて上司にも恵まれて、順調そうだね」などと評価することが多いので、それに異を唱えることなど、とてもできない。

内心では、「いいえ、夫は外面がいいだけなんです。お客様がいらしているときは、陽気で親切で、気配りもするけど、お帰りになったら、仏頂面で部屋に閉じこもったまま口もきいてくれないんですよ。あの料理はひどかったとけちをつけることもしょっちゅうです」とか、「あの上司がどれだけひどいか、知らないのか。自分で命令したことでも、問題が起これば、自分はそんな命令は出してないと否定して、責任は全部こっちに押しつけるんだぞ」とか大声で叫びたいと思っていても。

特に、常に周囲から認められたいと望んでいるような、承認欲求の強い人ほど、見せかけの幸福をなかなか手放せない。

たとえば、前の章で紹介した50代の専業主婦の女性は、結婚して30年近く支配的な夫の束縛に悩まされ続けたあげく、夫の浮気の証拠になるような写真を発見して、やっと離婚しようかと考え始めたものの、なかなか踏み出せない。

何よりもネックになっているのは、家である。「でも、離婚するとなったら、家を売らなければなりませんよね。あの家を売って、狭いマンションに住むなんて、嫌だわ」というのが、なかなか決心がつかない最大の理由である。さらに、「離婚なんて体裁が悪いと、年老いた両親が言う」「離婚したら生活レベルを下げなければならない」といった理由もあって、離婚をためらい、躊躇し続けている。

結婚してから30年近く、実家や友人とのつき合いも、自分の楽しみを見つけることも夫からとがめられて窮屈な思いをしてきたうえに裏切られたのだから、離婚して伸び伸び暮らしたほうが幸せなのではないかと、私なんかは思う。

だが、自分が手に入れた幸福を周囲に見せびらかしたいし、それによって周囲から認められたいと望んでいるような人は、たとえ見せかけであっても、その幸福にしがみつこうとするようである。いや、しがみつかざるをえないのかもしれない。その結果、どれだけの仮面夫婦が生まれ、お互いに心の中で牙をむきながら同じ屋根の下で生活しているのかと思うと、背筋が寒くなるのである。

自己防衛が苦手な人も攻撃対象

自己防衛が苦手なのも、攻撃欲の強い人のターゲットになりやすい人にしばしば認められる傾向である。

これは何に起因するのか？　子供の頃の親の養育態度が影を落としている場合が多い。幼い頃から、ちゃんと守ってくれる親に大切に育てられ自主性も尊重されてきた人は、自分の価値を否定されたり、大切な領域を侵害されたりするような出来事に遭遇すると、自分の身を守るための手段を講じるものだ。他人に攻撃されたら、こんなふうにして防衛すればいいのだということを親の背中から学んでいるのである。

ところが、親が保護者としての責任をきちんと果たさず、わが子が傷ついていても無関心だったり、ひどい場合にはネグレクトだったりすると、子供は自分の身を守るための術を身につけることができない。

まして、虐待するような親であれば、なおさらである。本来は保護する役割を果たすべき大人から攻撃されるわけだから、自分の身をどうやって守ればいいのかわからないのは、当然である。理不尽な暴力を避けるためにはどうすればいいのかもわからず、ただ殴られるままの子供時代を過ごしたような人は、無力感にさいなまれて、自分を守ろうとする気力さえなくしてしまうことがある。

これは、心理的虐待でも同じである。親から常に批判されたり、価値を否定されたりした、あるいはバカにされたり、あざけられたりした、ときには自分の秘密に土足でズカズカと踏み込まれた……といった経験を持つ人は、大人になってから同じような目に遭っても、反論したり抗議したりするのが苦手なようである。

これは、親から植えつけられた恐怖や罪悪感に由来するのかもしれない。少しでも言いつけに背いたり、口答えしたりするたび、わがままとか恩知らずとか、ののしられ続けていたら、理不尽な仕打ちや暴言に対しても反論せず、沈黙を守ったほうが得策だと思うようになるものである。そのため、弱くておとなしいという印象を周囲に与え、攻撃欲の強い人につけ込まれてしまうことになりやすい。

もっとも、親を選んで生まれてくることはできない。過去も他人も変えられない。とすれば、攻撃欲の強い人のターゲットにされやすい傾向が自分自身にあったとしても、それを今さら変えるのは至難の業である。残された選択肢としては、自分の身を自分で守るにはどうすればいいのかを学び、実行することしかない。

そこで、特に、この章をお読みになって思い当たるふしがあった方は、最終章の処方箋を熟読していただきたいのである。

第6章

処方箋——かわし方、逃げ方、自分の守り方

この最終章では、これまで述べてきたことを踏まえて、攻撃欲の強い人にどんなふうに対処すればいいのかについて述べる。

最初に言っておきたいのは、この対処法は、自分を攻撃したり支配したりしようとする相手に勝つためのものでも、より巧妙にやり返すためのものでもないということである。激しく痛めつけられ、傷つけられるほど、やられたらやり返したいという欲望を抱くようになるのも無理はないが、長い目で見れば、決して得策ではない。関係がさらに悪化して、こっぴどい仕返しを受ける可能性だってあるのだから。

重要なのは、相手をやり込めることでも、黙らせることでも、自分のほうが有能だと誇示することでもない。攻撃欲の強い人に支配されて振り回されている関係から一刻も早く脱出することこそ第1目標なのだと、肝に銘じておくべきである。

攻撃欲の強い人だって恐怖を抱いている

攻撃欲の強い人からターゲットにされて痛い目に遭わされていると、どうしても恐ろしいというイメージを抱きがちだし、対抗するなんてとてもできないと思ってしまうかもしれない。だが相手も、びくともしない無敵の存在というわけではない。実はそれなりに弱点を抱えているのだが、注意深く隠していることが多い。そこを突かれて攻撃されるのではないかと、内心恐れているためである。

ここが重要なのだが、一般に周囲の人を脅したり、恐怖を与えたりするのは、自分自身が他者を恐れているからである。少なくとも、通常のやり方では他人を自分の思い通りに動かすことはできないと感じているからこそ、恐怖に訴えようとするわけである。

このような姿勢それ自体が、自信のなさや無力感の裏返しとも言える。自分に自信がなく、周囲と信頼関係を築くこともできず、不安にさいなまれているせいで、自分のほうが優位に立って相手を支配できるように、震え上がらせたり、振り回したりするのである。

このことをきちんと認識して、攻撃欲の強い人は実は臆病な意気地なしなのだという視点から眺めることが必要である。他人を恐れていて真正面から立ち向かう勇気がないからこそ、陰湿なやり方で痛めつけるのだし、復讐を恐れているからこそ、背後から切りつけるような卑劣な真似をするのだということを忘れてはならない。

そこで、あなたが、ターゲットにされて悩んでいるのであれば、攻撃欲の強い人を、次の3つの点からとらえ直してみるといいだろう。
1　なぜ、こんなふうにふるまうのか？
2　一体何を恐れているのか？
3　何に対して劣等感を抱いているのか？
たとえ、答えが見つからなくても、攻撃欲の強い人から受ける、実際以上に力を持っているようなイメージのせいで、あなたが抱いている恐怖や無力感を、多少はやわらげられるはずである。

弱さを知られていないことが最大の武器

攻撃欲の強い人が、実は臆病であり他人への恐怖を抱いているのに、それをひた隠しにするのは、自分自身の弱さを周囲に知られていないことが、その力の源泉になっているからである。言いかえれば、強そうな仮面を周囲が恐れれば恐れるほど、周りは対抗して何か手を打とうという気をなくすので、攻撃欲の強い人の思うつぼになるわけである。

だからこそ、恐怖で支配して、周囲の人が自分は無力なので抵抗するのは無理だと信じ続けるように仕向ける。言葉や行為で明確に伝えることもあれば、誹謗中傷や噂話でそれとなくほのめかすこともあるが、いずれにせよ、何も言わず、何もせず、頭を下げているうちに嵐が通り過ぎてくれることを願うだけの人が多ければ多いほど、攻撃欲の強い人にとっては好都合である。いわば、周囲の無知、不安、恐怖、ときには事なかれ主義を利用しているのだと言えよう。

つまり、攻撃欲の強い人が力を発揮できるのは、その弱さを周囲に知られていないからである。逆に、しょせん張り子の虎にすぎないことにあなたが気づけば、恐怖は向こう側に移るはずである。

たとえば、操り人形のように、支配的な親に何でも決められて、窒息しそうになっていた子供が、親への反抗から不登校になり、逆に親を振り回すようになる場合、あるいは、近所のおばちゃんのお節介な干渉や陰口にうんざりしていた女性が、そのおばちゃんの家庭が実は崩壊しかけていることを知って、そのことをほのめかすようになる場合などを思い浮かべていただきたい。

こういうやり方を用いるのは、決してほめられた話ではない。だが、日々われわれを悩ませる攻撃欲の強い人から解放されるためには、向こうの弱点や恐怖を突いて反撃せざるをえない場合もあることを念頭に置いておくべきだろう。

まずは観察をしてみる

攻撃欲の強い人の手口に気づいて、あなたをがんじがらめにしている糸を解きほぐしていき、場合によっては断ち切るために必要なのは、何よりも観察である。まず、一歩引いて、あなたを悩ませているのは具体的には何なのか、一体どんなメカニズムが働いているのかを見きわめなければならない。

観察を続けていくうちに、少しずつ向こうの矛盾や欺瞞に満ちた言動、恐怖を与えるための威嚇や虚勢などが見えてくるだろう。理想的なのは、あなたをおとしめたり惑わせたりする言葉も聞き流せるようになることだが、それが難しくても、あなた自身が置かれている状況を少しでも客観的に見つめ直すことができれば、しめたものである。

この観察の段階では、あまり発言したり行動したりしないほうがいいだろう。攻撃欲の強い人がどんなふうにふるまうのかをじっと見つめ、ののしったり、こきおろしたりするのに耳をすませながら、悪意を含んだほのめかしや挑発にも一切応酬せず、沈黙を守るべきである。

やがて、向こうのほうが、あなたに見ぬかれているのではないかと感じるようになるかもしれない。すると、どうなるか。こんどは、あなたを逆上させようと、あの手この手を使ってくる可能性が高い。

挑発の仕方はさまざまである。支配下から離脱したり、反抗したりすれば、こんな困ったことが起こって厄介な事態を招くことになるだろうと脅すこともあるし、非難や侮辱的な言葉を浴びせることもあるだろう。あるいは、「何をたくらんでいるんだ?」「なぜ、そんな態度をとるのか?」「自分が何をしているのか、わかっているのか」などと質問攻めにするかもしれない。

ここで、挑発に乗ってはいけない。軽率な言動は慎むのが賢明である。向こうの挑発が激しさを増し、むき出しになっていくほど、墓穴を掘ることになりやすいので、一連の挑発を冷ややかなまなざしで見守るべきである。

根性曲がりにつける薬はない

じっくり観察して、攻撃欲の強い人の手口を把握したら、あとは、静かに話し合って自己主張すればいいだけだと思われるかもしれない。ところが、そうは問屋が卸さない。向こうが話し合いを拒否することもあれば、その途中であなたを振り回すこともあるだろう。円満に解決するよりも、一層こじれて紛糾することを密かに望んでいるようなところがあるからである。その結果、あなたのほうがくたくたに疲れ果てて、骨折り損のくたびれもうけになる可能性だってある。

ちゃんとした話し合いがいつかはできるようになるだろうなどという淡い期待は、早めに捨てたほうがいい。攻撃欲の強い人は話し合いをぞんざいに片づけようとするかもしれないし、妨害するかもしれない、場合によっては拒否するかもしれないと覚悟しておくべきである。そのほうが、現実的な対応ができるし、何よりも受けるダメージが少なくてすむ。

攻撃欲の強い人は変わらない可能性が高い。まさに、「三つ子の魂百まで」ということわざ通りであり、あまり幻想を抱いてはいけない。「狂気を癒す方法は見つかるが、根性曲がりを矯正する方法は全く見つからない」とラ・ロシュフコーは言っているが、攻撃欲の強い人も一種の「根性曲がり」であり、つける薬はないのだと認識したうえで、どんなふうに対応するかを考えなければならないのである。

理解してくれるかもしれないなんて甘い幻想

攻撃欲の強い人にずっと悩まされ続けていると、くよくよ考えて、欲求不満を溜め込むことになる。そのため、いつかは、自分が受けた苦しみを理解してほしいという願望、あるいは理解してもらえるのではないかという期待を抱きがちである。

これは、法廷で、被害者や家族が、人生をめちゃくちゃに破壊した加害者に、自らの犯罪行為の重大性を認識して謝罪してほしいと望むのと同じである。だが、実際には、被害者の痛みに共感して、心の底から後悔するような犯罪者は、むしろ少数派である。

それと同様に、攻撃欲の強い人があなたの痛みを理解してくれるなんて、ほとんどありえない。そんな幻想は捨てたほうが身のためだ。第4章で述べたように、自分の言動を否認して、過ちや間違いを認めることを頑として拒むだろう。

特に、ターゲットを見下している場合ほど、その痛みや苦しみを理解しようとしない。このような傲慢さは、強い自己愛ゆえに、自分には何の問題もないと思い込んでいることに起因する。自分に問題がない以上、何かうまくいかないことがあっても全て他人のせいというわけである。

たとえば、虐待で告発された親が、子供を叩くようなことは一切していないと頑として否認し、少々「行きすぎ」の行為があったにせよ、あくまでもしつけのためであり、愛情からやったことだと自己正当化するような場合が典型である。こういう親に限って、わが子を「恩知らず」とののしり、罪悪感を抱かせるようにするものである。

あるいは、DV夫が、家事が嫌いで料理もろくに作らない妻を朝叩き起こすために仕方なくやったことだと弁明するような場合もある。会社でパワハラまがいのことを繰り返している上司が、「会社に害毒をたれ流し、損害を与えるような社員は、根性を叩き直す必要がある」という信念にもとづいて行動していることもある。

要するに、自分は正しいと確信しているので、自分がやったことや言ったことを振り返らない。他人から過ちや間違いを指摘されても、それを認めると自分の弱さを周囲に知られてしまうことになるのではないかという恐怖ゆえに、決して認めようとしない。当然、責任を取ろうともしないし、反省もしない。

それにいちいち憤慨していたら、こちらの身が持たないので、そういう人なのだとあきらめるしかない。「あきらめる」とは「明らかに見る」ことでもある。攻撃欲の強い人をじっくり観察していると、善意にもとづいて行動する誠実な人を相手にする場合とは全然違って、話し合うことすら難しいという印象を抱くこともあるが、それは、それで受け入れなければならない。

「どうせ、あきらめるのなら、観察したって何の役にも立たないじゃないか。そんなの、時間のムダ」とおっしゃる方もいるかもしれない。そんなことはない。攻撃欲の強い人を観察して、そのメカニズムを把握すれば、なぜそんなふうにふるまうのか理解できるようになるし、次に何をしようとしているのかも、ある程度予測できるようになるので、不安や恐怖が多少なりとも収まるはずである。

何よりも重要なのは、攻撃欲の強い人は罪悪感をかき立てる達人なので、そのために、こちらに責任があるのだと思い込まされてしまいやすいという構造を見ぬくことである。このような責任転嫁は、攻撃欲の強い人が自分の問題や弱点を突かれるのをどうしても避けたいからこそやっているのだということに気づけば、投影された罪悪感にさいなまれて悩む必要もなくなるだろう。

もちろん、観察して理解するだけで、全てを解決できるわけではない。それでも、攻撃欲の強い人に背負わされた不安、恐怖、罪悪感などがやわらげば、重圧が軽くなるので、何となく開放感を味わえるのはたしかである。

自分の考え方を変えるしかない

先に述べたように、ほとんどの場合、攻撃欲の強い人は変わらない。自分の過ちや間違いを認めようともしない。

こういう人にターゲットにされて痛い目に遭っていると、いつかは攻撃欲の強い人が変わって、お互いに理解し合えるようになり、丸く収まるのではないかという期待を抱きがちである。だが、関係が改善する可能性に一縷《いちる》の望みを抱くこと自体が、さらに事態を悪化させたり、一層苦悩を募らせたりする場合が少なくない。

というのも、攻撃欲の強い人は、自分の目的を達成するまでは、決して変わらないからである。目的とは何か？　破壊である。ターゲットを壊し、ターゲットがやっていることをむちゃくちゃにしようとする。ときには、ターゲットを排除しようとすることさえある。

こういう人が態度を変えることがないわけではない。いつか？　ターゲットが打ちのめされて、へこんだときだけである。

たとえば、60代の女性は、結婚してから40年近く、義姉（夫の姉）の高飛車な物言いや辛らつな皮肉に悩まされ続けてきたという。義姉は、出戻りで、夫の両親と同居していたこともあって、事あるごとに結婚生活に干渉した。しかも、姑と一緒になって、家事や子育てのやり方がなっていないと責めたらしい。

そのくせ、夫の両親が病気で入院した際には、「私は働いているから、毎日病院に行くのは無理。あなたは、孫の面倒を見てもらったのだから、そのお返しをして当然よね」と、介護を押しつけた。

そんなこんなで、義姉とは一切関わりたくない、できれば、もう会いたくないと思っていたのだが、最近、義姉の態度がころっと変わった。皮肉や嫌みを言わなくなり、愛想が良くなったのである。

どうも、夫の両親が亡くなって、義姉が一人暮らしをするようになったことと、この女性が夫を癌で亡くし、子供も巣立って、一人で暮らすようになったことが関係しているらしい。夫が亡くなった直後は相当落ち込んでいたのだが、そのときは、心配した義姉が電話で慰めてくれたほどである。「食生活が悪かったから、早死にした」などと責められるのではないかと、内心恐れていたので、鳩が豆鉄砲を食らったような思いがしたという。

「あのお義姉さんのことだから、どうせ他人の不幸は蜜の味」と、この女性は思ったらしいが、攻撃的な言動が影を潜めるようになったことで、ほっとしている面もあるということである。

若い頃、離婚して独りぼっちになった義姉は、この女性が夫と子供に囲まれて幸せな家庭を築いていることに我慢できなかったからこそ、それを壊そうとして、意地悪を繰り返したのではないか。今は、お互いに一人暮らしで、孤独な身の上であり、ある意味、幸福を壊すという目的が達成されたとも言えるので、そんなことをする必要を感じなくなっただけの話である。

この女性の場合は、年月が経つにつれて、攻撃欲の強い人にとって羨望の対象だった幸福を失っていったために、向こうが矛を収めてくれたわけだが、逆に言えば、こちらが夫に先立たれるという不幸に見舞われなければ、態度は変わらなかった可能性が高い。

あなたが、攻撃欲の強い人によって壊されたくなければ、相手が変わってくれるかもしれないなどと決して期待してはならない。向こうが変わらない以上、できるのはただ一つ、あなたの考え方を変えることである。

特に、前の章で述べたように、「他者の欲望」を満たそうとする人ほど、攻撃欲の強い人のターゲットにされて振り回されやすいので、思い当たるふしのある方は、できるだけ意に沿うようにしようなどという殊勝な心がけを捨てるべきである。向こうの望みが破壊である以上、それを満たそうとすれば、あなたのほうがボロボロになってしまうことになりかねないのだから。

できるだけ避ける

ある人が攻撃欲の強い人だということに気づいたら、最良の解決策は、できるだけ避けることである。

たとえば、同じ職場で働いている場合、勤務の時間帯を変更するとか、向こうがよく行く場所には足を向けないようにするとかして、なるべく顔を合わせないようにする。場合によっては、異動や転勤を申し出るという選択肢だってあるかもしれない。

そこまでするかと思われるかもしれないが、私の外来に通っていた会社員の女性は、背後を通りぎる際に「死ね」とつぶやいたり、すれ違いざまに「邪魔」と叫んだりする先輩に悩まされて眠れなくなり、しばらく休職した後、自ら希望して別の支店に転勤した。

転勤後、受診した際に、「支店を変わって、本当に良かった。ずっと胸につかえていたものが、やっと取れたような気がします。会社に行っても、あの人の顔を見ずにすむのかと思うと、伸び伸びと仕事ができます。ときどき、研修会や会議などで会うこともありますが、もう私とは関係ありませんから」と語った。ちなみに、例の先輩は、その後、新たに配属された女性社員をターゲットにして同じような嫌がらせを繰り返したため、パワハラ委員会に告発されたということである。

同じ職場ではなく、遊びや趣味などで知り合った友人、ママ友、あるいは近所の人などの場合は、これまでの習慣を変えるとか、その人が来るような集まりには出ないとかして、できるだけ会わないようにすればいい。

「なぜ来ないのか？」と尋ねられたら、もっともらしい言い訳でごまかせばいいだけの話である。「嘘も方便」ということわざもある。あなたは嘘つきでも、偽善者でもない。ただ、あなたを破壊する危険性のある人物から身を守るために必要なことをやっているだけである。

また、これは、逃避でもない。攻撃欲の強い人は、「逃げるなんて、臆病者のすることだ」などという言葉で、あなたに罪悪感を与えて、身動きがとれなくなるように仕向けるかもしれないが、そんな言葉に惑わされてはいけない。これは、あくまでも必要な防衛なのだと自分自身に言い聞かせるべきである。

できるだけ話さない

もっとも、会わないようにしようとしても、そうはいかない場合もあるだろう。同じ職場でずっと働き続けなければならないとか、近所なのでどうしても顔を合わせるということはよくある。ときには、やむをえない事情により、同じ屋根の下で暮らさなければばならないようなことだってあるだろう。

そういう場合は、できるだけ話さないようにするしかない。ただし、表面上は、礼儀正しくしておくべきである。天気とか暑さ寒さとかの当たり障りのない話題にとどめておいて、深入りしないことだ。

間違っても、あなたの私生活や心配事などを話してはいけない。というのも、あなたがつい話してしまった内容を、攻撃欲の強い人は、都合のいいように解釈したり、脚色したりして、言いふらす恐れがあるからである。

たとえ質問されても、言葉を濁しておくのが、賢明だろう。取り調べで尋問されているわけではないのだから、きちんと正確に答える義務はないくらいの割り切った気持ちでいたほうが、厄介事に巻き込まれなくてすむ。

こんなふうに、攻撃欲の強い人から距離を置くようにしていると、向こうのほうが怪訝な顔をしたり、イライラしたりするかもしれない。あなたがうまく逃れようとしていることに気づいて、怒り出したり、脅し文句を吐いたりするかもしれない。

ここで、持ちこたえなければならない。約束を「うっかり」忘れてしまったり、電話がかかってきたときに「あいにく」不在だったりするようなことだって、「偶然」起こりうるのが人生なのだから。

いずれも、あなたにはあなたの生活があり、やらなければならないこともたくさんあって、攻撃欲の強い人に振り回されている時間などないのだということをわからせてあげるための手段である。

あやふやなままにせず明確にする

攻撃欲の強い人は、自分の要求をはっきり言わずに、欲しいものを手に入れようとすることが多い。ほのめかしはするものの、何を望んでいるのかは明確にしないわけである。暴力団が因縁をつけて金銭を要求する際に、「金をくれ」などとは決して言わず、「誠意を見せろ」と脅すのと同じである。

こういう場合は、わからないふりをするのが一番だ。たとえ、何を要求しているのか薄々察しがついていても、しらばっくれるべきである。向こうがはっきり言うのを待っていれば、そのうち、あなたがわなに落ちないのを見て、いら立ってくるだろう。

また、言葉ではっきり伝えずに、仕事を押しつけて責任転嫁しようとするやり方にも引っかからないように注意しなければならない。たとえば、同僚が、本来自分が記入すべき書類を、黙ってあなたの机の上に置いていているような場合である。あなたが引き受ける筋合いのない仕事ならば、無視してさしつかえない。

もっとも、攻撃欲の強い人に限って、相手の罪悪感をかき立てて責任を押しつけるようなことを平気でする。「お互いに助け合わなければならない」という一般論を持ち出したり、「協調性がない」とあなたを責めたりして、何とか仕事を押しつけようとするかもしれない。

このような手口に乗せられないようにするためには、「どういう理由で、あなたの仕事を私が代わりにやらなければならないのですか?」「なぜ、あなたがこの仕事をしないのですか?」などと質問して、仕事を押しつけようとした理由を明確にしておくほうがいい。

気まずい思いをしたくないから、あるいは波風を立てるのが嫌だからということで、一度引き受けてしまうと、その後もずっと押しつけられるようなことになりやすい。そうなれば、攻撃欲の強い人の思うつぼであり、こうした事態を避けるためにも、最初に明確にしておくことが必要なのである。

攻撃欲の強い人は、「〜という話を聞いた」とか「〜なんだってね」といった言い方で、根拠が曖昧な噂や陰口を吹聴して回ることも多い。周囲を仲たがいさせて人間関係を壊し、自分の影響力を強めるためである。こういう意図に気づいたら、「誰がそんなことを言ったのですか?」「どこで聞いたのですか?」などと尋ねてみるのも一つの手である。

向こうの説明が曖昧だったら、さらに、「それが事実だという根拠は何なんですか?」とか「私にそういうことを話すのは、どうしてなんですか?」という質問をして、決してあやふやなままにせず、明確にするのだというこちらの意思を示しておくべきである。少なくとも、あなたにわなを仕掛けるようなことはやめるだろう。

やり返すことが必要な場合もある

ここまで、攻撃欲の強い人にできるだけ穏便に対処するにはどうすればいいのかについて、さまざまな方法を紹介してきた。やられたらやり返したいという欲望をむき出しにしたら、関係がさらに悪化したり、仕返しされたりする恐れがあるからである。

だが、こちらが何らかの形でやり返さない限り、破壊を延々と続けるような攻撃欲の強い人も存在する。優しさとか寛大さとかは、弱さの裏返しにすぎないと思っているからである。こういう人は、ターゲットが抵抗も反撃もしないのは、弱くて、恐怖を抱いているからだというふうに受け止める。相手の平和主義や無抵抗の上にあぐらをかいて、平気で傷つけたり、痛めつけたりするわけである。

逆に、こちらが、やられるままではすまさない、場合によってはやり返すぞという断固たる姿勢を示すと、引くことが多い。内心びくびくしているので、自分より強い者を避けようとするためである。いじめっ子が弱い者いじめしかしないのと同じである。

そこで、ときには、やり返すこともできるんだぞと見せつけることが必要になる。関係を断ち切ることも避けることもできず、黙ったまま耐えていても、「反撃しなかったら、あいつに自分の人生をめちゃくちゃにされてしまう」とか「このままでは、自分がボロボロに壊されてしまう」と思い知ったようなときは、そうするしかない。

問題は、やり方である。あまりにも攻撃的な手法だと、仕返しされるかもしれないし、周囲の反発を買うかもしれない。かといって、穏健な手法では、攻撃欲の強い人の破壊衝動に歯止めをかけることなどできないだろう。

ここは、他人を無価値化したり侮辱したりするのが大好きだが、自分が少しでも嘲笑されることには耐えられないという攻撃欲の強い人の特質を利用するしかない。ユーモアのセンスを発揮して、黙らせるのである。できれば、観衆のいる前で。

たとえば、営業職の男性は、朝礼の際、コスト意識を持つようううるさく言う上司からターゲットにされて、毎回、経費がかかりすぎだと名指しで非難されていた。そのせいで、毎朝胃が痛くなっていたし、ちょうど大きな契約が取れて自信がついたところだったこともあって、ある日、

「コスト、コストとおっしゃいますが、そのために社員が萎縮して、モチベーションが下がってしまったら、そのほうがコストが高くつくんじゃないですか」

と言ってしまった。

上司は唖然とし、周囲はどっと笑った。もちろん、ただではすまなかった。この男性は僻地の営業所に飛ばされた。それでも、そこで業績を上げて、数年後に本社の管理職として返り咲いたということである。

こういう手法には誰だって頼りたくないし、第一、誰にでもできるわけではない。ただ、そうせざるをえない場合もある。支配された関係を断ち切るには、相当な覚悟がい

るし、その覚悟をするためには、攻撃欲の強い人に依存しなくてもやっていけるだけの力をつけておくことが必要なのは、言うまでもない。

罪悪感から解き放たれるには

最後に、攻撃欲の強い人がしばしば用いる武器、罪悪感から解き放たれるにはどうすればいいのか、述べておこう。

繰り返し指摘しているように、攻撃欲の強い人は、罪悪感をかき立てる達人である。そのため、特に親子や夫婦、あるいは恋人や友人など、愛情や友情による結びつきと信じられているような関係では、罪悪感が足かせとなって、攻撃欲の強い人に支配されている関係からなかなか抜け出せない場合が多い。

罪悪感は、一般に、何か悪いこと、特に禁止されていることをやったと感じた際に生じる。罪悪感があるからこそ、善悪の区別がつくようになるわけだし、罪を犯した場合には反省したり後悔したりするわけだから、われわれが社会生活を送るうえで不可欠な感情である。

ところが、この罪悪感を、攻撃欲の強い人は、ターゲットを支配するためにしばしば利用する。いや、より正確には、悪用と言うべきか。悪いことや禁止されていることを拡大解釈して責める。（注）

たとえば、「君がおれに逆らってばかりいるから、夫婦仲が悪くなり、子供が非行に走るんだ」と妻を責める夫、あるいは「君がきちんと資料を準備しておかなかったから、契約がうまくまとまらなかった」と失敗の責任を部下になすりつける上司などが典型である。

こんなふうに責められると、どうしても、「家族が不幸になったのは、自分のせい」「仕事がうまくいかなかったのは、自分の責任」というふうに罪悪感を抱くことになりやすい。これこそ、攻撃欲の強い人のもくろみ通りである。極端な場合には、「責任は、100％他人にある。自分の責任はゼロ」という具合に、巧妙に責任転嫁することもある。

このような責任転嫁のターゲットにされやすい人、つまり「イネイブラー」になりやすいのは、他人を幸福にする力も、逆に不幸にする力も自分にはあると信じているタイプである。言いかえれば、自分にはそれだけ強い影響力があるのだという幻想的な万能感を抱いている人ほど、罪悪感にさいなまれやすい。

攻撃欲の強い人は、この万能感をくすぐることによって、罪悪感をかき立てることが多いので、それに惑わされないように気をつけなければならない。そもそも、このような万能感は、できるだけ早く捨て去るべきである。そうすれば、罪悪感から解放されて、もっと楽に生きられるだろうから。

「あなたのせいで不幸になった」とか「あなたのせいで仕事がうまくいかなかった」と責められたら、「私にそんなすごい力があるとは思えませんけど」と答えるのがいいかもしれない。あるいは、「何でも他人のせいにするのは簡単ですよね」とぼそっとつぶやけば、向こうは口をつぐむのではないか。

最後に、攻撃欲の強い人が他人を責めて罪悪感をかき立てようとするのは、自分自身が抱えている後ろめたさに耐えられず、投げ捨てようとするからだということを忘れてはならない。

「もしわれわれに全く欠点がなければ、他人のあら探しをこれほど楽しむはずはあるまい」とラ・ロシュフコーは言っているが、これは、まさに攻撃欲の強い人の本質を突いた言葉である。

（注）ときには、ダブルスタンダードを平気で用いるようなこともある。他人には完璧を要求して、ちょっとした間違いも失敗も決して許さないくせに、自分には甘く、その矛盾にも決して触れようとしない。

たとえば、部下には「遅刻厳禁」を徹底し、少しでも遅刻したら始末書を書かせるのに、自分は昼頃出勤して、5時前には会社を出るような上司が典型である。あるいは、「夫婦は信頼関係で成り立っているのだから、浮気なんてもってのほか」というのが口癖の夫が、同窓会への出席も許さないほど妻を束縛しているのに、自分は若い女性と不倫しているような場合もある。

おわりに

最後までお読みになって、「根性曲がりにつける薬などないのか。だったら、どうにもならないじゃないか」と、ちょっぴりがっかりした方もいらっしゃるかもしれません。

そんな必要はありません。攻撃欲の強い人が他人を攻撃せずにはいられないのは一体なぜなのかを理解していれば、やり返すことはできなくても、少なくとも、うまく逃げて、振り回されないようにすることはできるはずですから。

何よりも、自分に自信がなく、他人の幸福が羨ましくて歯ぎしりしたいほどだからこそ、他人を傷つけたり痛めつけたりせずにはいられないのだということを、さまざまな事例を通してご理解いただけたのではないでしょうか。

ですから、攻撃欲の強い人を哀れみの目で眺めながら、「自分はあんなふうにはなりたくない。あんなふうにならないように気をつけよう」という気持ちで、日々生きていっていただきたいと思います。

なお、本文中で引用したラ・ロシュフコー、パスカル、ラカンの毒を含んだ言葉は、次のテキストを参照しています。

La Rochefoucald : “Maximes et Réflexions diverses” Flammarion 1999
Pascal : “Pensées” Folio 2004
Lacan : “Ecrits” Seuil 1966

本書の刊行に際しましては、ＰＨＰ新書編集部の西村健さんに大変お世話になりました。原稿をていねいにお読みくださり、適切な助言を与えてくださったご厚意に心から感謝いたします。本当にありがとうございました。

二〇一三年十一月

片田珠美

PHP新書

PHP INTERFACE
http://www.php.co.jp/

片田珠美［かただ・たまみ］

広島県生まれ。精神科医。京都大学非常勤講師。大阪大学医学部卒業。京都大学大学院人間・環境学研究科博士課程修了。人間・環境学博士（京都大学）。フランス政府給費留学生としてパリ第8大学精神分析学部でラカン派の精神分析を学ぶ。DEA（専門研究課程修了証書）取得。パリ第8大学博士課程中退。

精神科医として臨床に携わり、臨床経験にもとづいて、犯罪心理や心の病の構造を分析。社会問題にも目を向け、社会の根底に潜む構造的な問題を精神分析的視点から分析。『無差別殺人の精神分析』（新潮選書）、『一億総ガキ社会』（光文社新書）、『一億総うつ社会』（ちくま新書）、『正義という名の凶器』（ベスト新書）など著書多数。

他人を攻撃せずにはいられない人

PHP新書895

二〇一三年十二月二日 第一版第一刷
二〇一四年 七 月十八日 第一版第十七刷

著者——片田珠美
発行者——小林成彦
発行所——株式会社PHP研究所
東京本部——〒102-8331 千代田区一番町21
新書出版部 ☎03-3239-6298（編集）
普及一部 ☎03-3239-6233（販売）
京都本部——〒601-8411 京都市南区西九条北ノ内町11
組版——有限会社エヴリ・シンク
装幀者——芦澤泰偉＋児崎雅淑
印刷所
製本所——図書印刷株式会社

ISBN978-4-569-81653-1

ＰＨＰ新書刊行にあたって

「繁栄を通じて平和と幸福を」（PEACE and HAPPINESS through PROSPERITY）の願いのもと、ＰＨＰ研究所が創設されて今年で五十周年を迎えます。その歩みは、日本人が先の戦争を乗り越え、並々ならぬ努力を続けて、今日の繁栄を築き上げてきた軌跡に重なります。

しかし、平和で豊かな生活を手にした現在、多くの日本人は、自分が何のために生きているのか、どのように生きていきたいのかを、見失いつつあるように思われます。そして、その間にも、日本国内や世界のみならず地球規模での大きな変化が日々生起し、解決すべき問題となって私たちのもとに押し寄せてきます。

このような時代に人生の確かな価値を見出し、生きる喜びに満ちあふれた社会を実現するために、いま何が求められているのでしょうか。それは、先達が培ってきた知恵を紡ぎ直すこと、その上で自分たち一人一人がおかれた現実と進むべき未来について丹念に考えていくこと以外にはありません。

その営みは、単なる知識に終わらない深い思索へ、そしてよく生きるための哲学への旅でもあります。弊所が創設五十周年を迎えましたのを機に、ＰＨＰ新書を創刊し、この新たな旅を読者と共に歩んでいきたいと思っています。多くの読者の共感と支援を心よりお願いいたします。

一九九六年十月

ＰＨＰ研究所